LA
REINE MARGOT.

PARIS. IMPRIMÉ PAR BÉTHUNE ET PLON,
RUE DE VAUGIRARD, 36.

LA REINE
MARGOT,

PAR

ALEXANDRE DUMAS.

I.

PARIS.
GARNIER FRÈRES, LIBRAIRES-ÉDITEURS,
PALAIS-ROYAL, GALERIE D'ORLÉANS, 215 *bis*,
ET RUE RICHELIEU, 10.
—
1845.

LA
REINE MARGOT.

CHAPITRE PREMIER.

LE LATIN DE M. DE GUISE.

Le lundi dix-huitième jour du mois d'août 1572, il y avait grande fête au Louvre.

Les fenêtres de la vieille demeure royale, ordinairement si sombres, étaient ardemment éclairées; les places et les rues attenantes, habituellement si solitaires dès que neuf heures sonnaient à Saint-Germain-l'Auxerrois, étaient, quoiqu'il fût minuit, encombrées de populaire.

Tout ce concours menaçant, pressé, bruyant, ressemblait dans l'obscurité à une mer sombre et houleuse, dont chaque flot faisait une vague grondante; cette mer, épandue sur le quai, où elle se dégorgeait par la rue des Fossés-Saint-Germain et par la rue de l'Astruce, venait battre de son flux le pied des murs du Louvre, et de son reflux la base de l'hôtel de Bourbon, qui s'élevait en face.

Il y avait, malgré la fête royale, et même peut-être à cause de la fête royale, quelque chose de menaçant dans ce peuple; car il ne se doutait pas que cette solennité à laquelle il assistait comme spectateur n'était que le prélude d'une autre, remise à huitaine, et à laquelle il serait convié et s'ébattrait de tout son cœur.

La cour célébrait les noces de madame Marguerite de Valois, fille du roi Henri II et sœur du roi Charles IX, avec Henri de Bourbon, roi de Navarre. En effet, le matin même le cardinal de Bourbon avait uni les deux époux avec le cérémonial usité pour les noces des filles de France, sur un théâtre dressé à la porte de Notre-Dame.

Ce mariage avait étonné tout le monde et avait fort donné à songer à quelques-uns qui voyaient plus clair que les autres ; on comprenait peu le rapprochement de deux partis aussi haineux que l'étaient à cette heure le parti protestant et le parti catholique ; on se demandait comment le jeune prince de Condé pardonnerait au duc d'Anjou, frère du roi, la mort de son père assassiné à Jarnac par Montesquiou. On se demandait comment le jeune duc de Guise pardonnerait à l'amiral de Coligny la mort du sien assassiné à Orléans par Poltrot de Méré. Il y avait plus : Jeanne de Navarre, la courageuse épouse du faible Antoine de Bourbon, qui avait amené son fils Henri aux royales fiançailles qui l'attendaient, était morte il y avait deux mois à peine, et de singuliers bruits s'étaient répandus sur cette mort subite. Partout on disait tout bas, et en quelques lieux tout haut, qu'un secret terrible avait été surpris par elle, et que Catherine de Médicis, craignant la révélation de ce secret, l'avait empoisonnée avec des gants de senteur qui avaient été confectionnés par un nommé René, Florentin fort habile dans ces sortes de matières. Ce bruit s'était d'autant plus répandu et confirmé, qu'après la mort de cette grande reine, sur la demande de son fils, deux médecins, desquels était le fameux Ambroise Paré, avaient été autorisés à ouvrir et étudier le corps, mais non le cerveau. Or, comme c'était par l'odorat qu'avait été empoisonnée Jeanne de Navarre, c'était le cerveau, seule partie du corps exclue de l'autopsie, qui devait offrir des traces du crime. Nous disons crime, car personne ne doutait qu'un crime n'eût été commis.

Ce n'était pas le tout, le roi Charles particulièrement avait mis à ce mariage, qui non-seulement rétablissait la paix dans son royaume, mais encore attirait à Paris les principaux huguenots de France, une persistance qui ressemblait à de l'entêtement. Comme les deux fiancés appartenaient l'un à la religion catholique, l'autre à la religion réformée, on avait été obligé de s'adresser, pour la dispense, à Grégoire XIII, qui tenait alors le siége de Rome. La dispense tardait, et ce retard inquiétait fort la feue reine de Navarre; elle avait un jour exprimé à Charles IX ses craintes que cette dispense n'arrivât point, ce à quoi le roi avait répondu :

« N'ayez souci, ma bonne tante, je vous honore plus que le pape et aime plus ma sœur que je ne le crains. Je ne suis pas huguenot, mais je ne suis pas sot non plus, et si monsieur le pape fait trop la bête, je prendrai moi-même Margot par la main et je la mènerai épouser votre fils en plein prêche. »

Ces paroles s'étaient répandues du Louvre dans la ville, et, tout en réjouissant fort les huguenots, avaient considérablement donné à penser aux catholiques, qui se demandaient tout bas si le roi les trahissait réellement, ou bien ne jouait pas quelque comédie qui aurait, un beau matin ou un beau soir, son dénoûment inattendu.

C'était vis-à-vis de l'amiral de Coligny surtout qui, depuis cinq ou six ans, faisait une guerre acharnée au roi, que la conduite de Charles IX paraissait inexplicable ; après avoir mis sa tête à prix à cent cinquante mille écus d'or, le roi ne jurait plus que par lui, l'appelant son père et déclarant tout haut qu'il allait confier désormais à lui seul la conduite de la guerre ; c'était au point que Catherine de Médicis elle-même, qui jusqu'alors avait réglé les actions, les volontés et jusqu'aux désirs du jeune prince, paraissait commencer à s'inquiéter tout de bon, et ce n'était pas sans sujet, car dans un moment d'épanchement Charles IX avait dit à l'amiral à propos de la guerre de Flandre :

— Mon père, il y a encore une chose en ceci à laquelle il faut bien prendre garde : c'est que la reine ma mère, qui veut mettre le nez partout comme vous savez, ne connaisse rien de cette entreprise, que nous la tenions si secrète qu'elle n'y voie goutte, car, brouillonne comme je la connais, elle nous gâterait tout.

Or, tout sage et expérimenté qu'il était, Coligny n'avait pu tenir secrète une si entière confiance ; et quoiqu'il fût arrivé à Paris avec de grands soupçons, quoiqu'à son départ de Châtillon une paysanne se fût jetée à ses pieds, en criant : Oh! monsieur, monsieur notre bon maître, n'allez pas à Paris, car si vous y allez vous mourrez, vous et tous ceux qui iront avec vous ; — ces soupçons s'étaient peu à peu éteints dans son cœur, et dans celui de Téligny, son gendre, auquel le roi de son côté faisait de grandes amitiés, l'appelant son frère comme il appelait l'amiral son père, et le tutoyant, ainsi qu'il faisait pour ses meilleurs amis.

Les huguenots, à part quelques esprits chagrins et défiants, étaient donc entièrement rassurés : la mort de la reine de Navarre passait pour avoir été causée par une pleurésie, et les vastes salles du Louvre s'étaient emplies de tous ces braves protestants auxquels le mariage de leur jeune chef Henri promettait un retour de fortune bien inespéré. L'amiral Coligny, La

Rochefoucault, le prince de Condé fils, Téligny, enfin tous les principaux du parti triomphaient de voir tout-puissants au Louvre et si bien venus à Paris, ceux-là même que trois mois auparavant le roi Charles et la reine Catherine voulaient faire pendre à des potences plus hautes que celles des assassins. Il n'y avait que le maréchal de Montmorency que l'on cherchait vainement parmi tous ses frères, car aucune promesse n'avait pu le séduire, aucun semblant n'avait pu le tromper, et il restait retiré en son château de l'Ile-Adam, donnant pour excuse de sa retraite la douleur que lui causait encore la mort de son père le grand-connétable Anne de Montmorency, tué d'un coup de pistolet par Robert Stuart, à la bataille de Saint-Denis. Mais comme cet événement était arrivé depuis plus de deux ans, et que la sensibilité était une vertu assez peu à la mode à cette époque, on n'avait cru, de ce deuil prolongé outre mesure, que ce qu'on avait bien voulu en croire.

Au reste, tout donnait tort au maréchal de Montmorency; le roi, la reine, le duc d'Anjou et le duc d'Alençon faisaient à merveille les honneurs de la royale fête.

Le duc d'Anjou recevait des huguenots eux-mêmes des compliments bien mérités sur les deux batailles de Jarnac et de Moncontour, qu'il avait gagnées avant d'avoir atteint l'âge de dix-huit ans, plus précoce en cela que n'avaient été César et Alexandre, auxquels on le comparait, en donnant, bien entendu, l'infériorité aux vainqueurs d'Issus et de Pharsale. Le duc d'Alençon regardait tout cela de son œil caressant et faux : la reine Catherine rayonnait de joie et toute confite en gracieusetés complimentait le prince Henri de Condé sur son récent mariage avec Marie de Clèves ; enfin MM. de Guise eux-mêmes souriaient aux formidables ennemis de leur maison, et le duc de Mayenne discourait avec M. de Tavanne et l'amiral sur la prochaine guerre qu'il était plus que jamais question de déclarer à Philippe II.

Au milieu de ces groupes, allait et venait, la tête légèrement inclinée et l'oreille ouverte à tous les propos, un jeune homme de dix-neuf ans, à l'œil fin, aux cheveux noirs, coupés très-courts, aux sourcils épais, au nez recourbé comme un bec d'aigle, au sourire narquois, et à la moustache et à la barbe naissantes. Ce jeune homme, qui ne s'était fait remarquer encore qu'au combat d'Arnay-le-Duc, où il avait bravement payé de sa personne, et qui recevait compliments sur compliments, était l'élève bien-aimé de Coligny et le héros du jour ; trois mois auparavant, c'est-à-dire à l'époque où sa mère vivait encore, on l'avait appelé le prince de Béarn ; on l'appelait maintenant le roi de Navarre, en attendant qu'on l'appelât Henri IV.

De temps en temps un nuage sombre et rapide passait sur son front ; sans doute il se rappelait qu'il y avait deux mois à peine sa mère était morte, et moins que personne il doutait qu'elle ne fût morte empoisonnée. Mais le nuage était passager et disparaissait comme une ombre flottante ; car ceux qui lui parlaient, ceux qui le félicitaient, ceux qui le coudoyaient étaient ceux-là même qui avaient assassiné la courageuse Jeanne d'Albret.

A quelques pas du roi de Navarre, presque aussi pensif, presque aussi soucieux que le premier affectait d'être joyeux et ouvert, le jeune duc de Guise causait avec Téligny. Plus heureux que le Béarnais, à vingt-deux ans sa renommée avait presque atteint celle de son père, le grand François de Guise. C'était un élégant seigneur, de haute taille, au regard fier et orgueilleux, et doué de cette majesté naturelle qui faisait dire, quand il passait, que près de lui les autres princes paraissaient peuple. Tout jeune qu'il était, les catholiques voyaient en lui le chef de leur parti, comme les huguenots voyaient le chef du leur dans ce jeune Henri de Navarre, dont nous venons de tracer le portrait. Il avait d'abord porté le titre de prince de Joinville, et avait fait, au siége d'Orléans, ses premières armes sous son père, qui était mort dans ses bras, en lui désignant l'amiral Coligny pour son assassin. Alors le jeune duc, comme Annibal, avait fait un serment solennel : c'était de venger la mort de son père sur l'amiral et sur sa famille, et de poursuivre ceux de la religion, sans trêve ni relâche, ayant promis à Dieu d'être son ange exterminateur sur la terre jusqu'au jour où le dernier hérétique serait exterminé. Ce n'était donc pas sans un profond étonnement qu'on voyait ce prince, ordinairement si fidèle à sa parole, tendre sa main à ceux qu'il avait juré de tenir pour ses éternels ennemis, et causer familièrement avec le gendre de celui dont il avait promis la mort à son père mourant.

Mais, nous l'avons dit, cette soirée était celle des étonnements.

En effet, avec cette connaissance de l'avenir qui manque heureusement aux hommes, avec cette faculté de lire dans les cœurs qui n'appartient malheureusement qu'à Dieu, l'observateur privilégié auquel il eût été donné d'assister à cette fête, eût joui certainement du plus curieux spectacle que fournissent les annales de la triste comédie humaine.

Mais cet observateur qui manquait aux galeries intérieures du Louvre, continuait dans la rue à regarder de ses yeux flamboyants et à gronder de sa voix menaçante ; cet observateur, c'était le peuple qui, avec son instinct merveilleusement aiguisé par la haine, suivait de loin les ombres de ses ennemis implacables, et traduisait leurs impressions aussi nettement que peut faire le curieux devant les fenêtres d'une salle de bal hermétiquement fermée. La musique enivre et règle le danseur, tandis que le curieux voit le mouvement seul, et rit de ce pantin qui s'agite sans raison; car le curieux, lui, n'entend pas la musique.

La musique qui enivrait les huguenots, c'était la voix de leur orgueil.

Ces lueurs qui passaient aux yeux des Parisiens au milieu de la nuit, c'étaient les éclairs de leur haine qui illuminaient l'avenir.

Et cependant tout continuait d'être riant à l'intérieur, et même un murmure plus doux et plus flatteur que jamais courait en ce moment par tout le Louvre; c'est que la jeune fiancée, après avoir été déposer sa toilette d'apparat, son manteau traînant et son long voile, venait de rentrer dans la salle de bal, accompagnée de la belle duchesse de Nevers, sa meilleure amie, et menée par son frère Charles IX, qui la présentait aux principaux de ses hôtes.

Cette fiancée, c'était la fille de Henri II, c'était la perle de la couronne de France, c'était Marguerite de Valois que, dans sa familière tendresse pour elle, le roi Charles IX n'appelait jamais que ma sœur Margot.

Certes jamais accueil, si flatteur qu'il fût, n'avait été mieux mérité que celui qu'on faisait en ce moment à la nouvelle reine de Navarre. Marguerite, à cette époque, avait vingt ans à peine et déjà elle était l'objet des louanges de tous les poètes qui la comparaient, les uns à l'Aurore, les autres à Cythérée ; c'était en effet la beauté sans rivale de cette cour où Catherine de Médicis avait réuni, pour en faire ses sirènes, les plus belles femmes qu'elle avait pu trouver. Elle avait les cheveux noirs, le teint brillant, l'œil voluptueux et voilé par de longs cils, la bouche vermeille et fine, le cou élégant, la taille riche et souple, et, perdu dans une mule de satin, un pied d'enfant. Les Français, qui la possédaient, étaient fiers de voir éclore sur leur sol une si magnifique fleur, et les étrangers qui passaient par la France s'en retournaient éblouis de sa beauté, s'ils l'avaient vue seulement, étourdis de sa science, s'ils avaient causé avec elle. C'est que Marguerite était non-seulement la plus belle, mais encore la plus lettrée des femmes de son temps, et l'on citait le mot d'un savant italien qui lui avait été présenté et qui, après avoir causé avec elle une heure en italien, en espagnol, en latin et en grec, l'avait quittée en disant dans son enthousiasme : — Voir la cour sans voir Marguerite de Valois, c'est ne voir ni la France ni la cour.

Aussi les harangues ne manquaient pas au roi Charles IX et à la reine de Navarre; on sait combien les huguenots étaient harangueurs. Force allusions au passé, force demandes pour l'avenir furent adroitement glissées au roi au milieu de ces harangues ; mais à toutes ces allusions il répondait avec ses lèvres pâles et son sourire rusé :

« En donnant ma sœur Margot à Henri

de Navarre, je donne ma sœur à tous les protestants du royaume. »

Mot qui rassurait les uns et faisait sourire les autres, car il avait réellement deux sens : l'un paternel et dont, en bonne conscience, Charles IX ne voulait pas surcharger sa pensée ; l'autre injurieux pour l'épousée, pour son mari et pour celui-là même qui le disait, car il rappelait quelques sourds scandales dont la chronique de la cour avait déjà trouvé moyen de souiller la robe nuptiale de Marguerite de Valois.

Cependant M. de Guise causait, comme nous l'avons dit, avec Téligny; mais il ne donnait pas à l'entretien une attention si soutenue qu'il ne se détournât parfois pour lancer un regard sur le groupe de dames au centre duquel resplendissait la reine de Navarre. Si le regard de la princesse rencontrait alors celui du jeune duc, un nuage semblait obscurcir ce front charmant, autour duquel des étoiles de diamants formaient une tremblante auréole, et quelque vague dessein perçait dans son attitude impatiente et agitée.

La princesse Claude, sœur aînée de Marguerite, qui depuis quelques années déjà avait épousé le duc de Lorraine, avait remarqué cette inquiétude, et elle s'approchait d'elle pour lui en demander la cause, lorsque chacun s'écartant devant la reine-mère, qui s'avançait appuyée au bras du jeune prince de Condé, la princesse se trouva refoulée loin de sa sœur. Il y eut alors un mouvement général dont le duc de Guise profita pour se rapprocher de madame de Nevers, sa belle-sœur, et par conséquent de Marguerite. Madame de Lorraine, qui n'avait pas perdu la jeune reine des yeux, vit alors, au lieu de ce nuage qu'elle avait remarqué sur son front, une flamme ardente passer sur ses joues. Cependant le duc s'approchait toujours, et quand il ne fut plus qu'à deux pas de Marguerite, celle-ci, qui semblait plutôt le sentir que le voir, se retourna en faisant un effort violent pour donner à son visage le calme de l'insouciance ; alors le duc salua respectueusement, et, tout en s'inclinant devant elle, murmura à demi-voix :

— *Ipse attuli.*

Ce qui voulait dire :

— Je l'ai apporté, ou apporté moi-même.

Marguerite rendit sa révérence au jeune

duc, et, en se relevant, laissa tomber cette réponse :

— *Noctu pro more.*

Ce qui signifiait :

— Cette nuit comme d'habitude.

Ces douces paroles, absorbées par l'énorme collet godronné de la princesse, comme par l'enroulement d'un porte-voix, ne furent entendues que de la personne à laquelle on les adressait; mais si court qu'eût été le dialogue, sans doute il embrassait tout ce que les deux jeunes gens avaient à se dire, car après cet échange de deux mots contre trois ils se séparèrent, Marguerite le front plus rêveur et le duc le front plus radieux qu'avant qu'ils se fussent rapprochés. Cette petite scène avait eu lieu sans que l'homme le plus intéressé à la remarquer eût paru y faire la moindre attention, car, de son côté, le roi de Navarre n'avait d'yeux que pour une seule personne qui rassemblait autour d'elle une cour presque aussi nombreuse que Marguerite de Valois ; cette personne était la belle madame de Sauve.

Charlotte de Beaune-Semblançay, petite-fille du malheureux Semblançay et femme de Simon de Fizes, baron de Sauve, était une des dames d'atour de Catherine de Médicis, et l'une des plus redoutables auxiliaires de cette reine, qui versait à ses ennemis le filtre de l'amour quand elle n'osait leur verser le poison florentin ; petite, blonde, tour à tour pétillante de vivacité ou languissante de mélancolie, toujours prête à l'amour et à l'intrigue, les deux grandes occupations qui, depuis cinquante ans, occupaient la cour des trois rois qui s'étaient succédé ;

femme dans toute l'acception du mot et dans tout le charme de la chose, depuis l'œil bleu languissant ou brillant de flammes, jusqu'aux petits pieds mutins et cambrés dans leurs mules de velours, madame de Sauve s'était, depuis quelques mois déjà, emparée de toutes les facultés du roi de Navarre, qui débutait alors dans la carrière amoureuse comme dans la carrière politique, si bien que Marguerite de Navarre, beauté magnifique et royale, n'avait plus même trouvé l'admiration au fond du cœur de son époux; et chose étrange et qui étonnait tout le monde, même de la part de cette âme pleine de ténèbres et de mystères, c'est que Catherine de Médicis, tout en poursuivant son projet d'union entre sa fille et le roi de Navarre, n'avait pas discontinué de favoriser presque ouvertement les amours de celui-ci avec Madame de Sauve. Mais malgré cette aide puissante, et en dépit des mœurs faciles de l'époque, la belle Charlotte avait résisté jusque-là, et de cette résistance inconnue, incroyable, inouïe, plus encore que de la beauté et de l'esprit de celle qui résistait, était née dans le cœur du Béarnais une passion qui ne pouvant se satisfaire s'était repliée sur elle-même et avait dévoré dans le cœur du jeune roi la timidité, l'orgueil et jusqu'à cette insouciance moitié philosophique, moitié paresseuse qui faisait le fond de son caractère.

Madame de Sauve venait d'entrer depuis quelques minutes seulement dans la salle de bal ; soit dépit, soit douleur, elle avait résolu d'abord de ne point assister au triomphe de sa rivale et, sous le prétexte d'une indisposition, elle avait laissé son mari, secrétaire d'État depuis cinq ans, venir seul au Louvre; mais en apercevant le baron de Sauve sans sa femme, Catherine de Médicis s'était informée des causes qui tenaient sa bien-aimée Charlotte éloignée; et apprenant que ce n'était qu'une légère indisposition, elle lui avait écrit quelques mots d'appel, auxquels la jeune femme s'était empressée d'obéir. Henri, tout attristé qu'il avait été d'abord de son absence, avait cependant respiré plus librement lorsqu'il avait vu M. de Sauve entrer seul; mais au moment où, ne s'attendant aucunement à cette apparition, il allait en soupirant se rapprocher de l'aimable créature qu'il était condamné, sinon à aimer, du moins à traiter en épouse, il avait vu au bout de la galerie surgir madame de Sauve; alors il était demeuré cloué à sa place, les yeux fixés sur cette Circé qui l'enchaînait à elle comme par un lien magique, et, au lieu de continuer sa marche vers sa femme, par un mouvement d'hésitation qui tenait bien plus à l'étonnement qu'à la crainte il s'avança vers madame de Sauve.

De leur côté les courtisans, voyant que le roi de Navarre, dont on connaissait déjà le cœur inflammable, se rapprochait de la belle Charlotte, n'eurent point le courage de s'opposer à leur réunion, ils s'éloignèrent complaisamment, de sorte qu'au même instant où Marguerite de Valois et M. de Guise échangeaient les quelques mots latins que nous avons rapportés, Henri, arrivé près de madame de Sauve, entamait avec elle en français fort intelligible, quoique saupoudré d'accent gascon, une conversation beaucoup moins mystérieuse.

— Ah ma mie ! lui dit-il, vous voilà donc revenue au moment où l'on m'avait dit que vous étiez malade, et où j'avais perdu l'espérance de vous voir ?

— Votre Majesté, répondit madame de Sauve, aurait-elle la prétention de me faire croire que cette espérance lui avait beaucoup coûté à perdre ?

— Sang-diou, je le crois bien ! reprit le Béarnais ; ne savez-vous point que vous êtes mon soleil pendant le jour et mon étoile pendant la nuit ! En vérité je me croyais dans l'obscurité la plus profonde, lorsque vous avez paru tout à l'heure et avez soudain tout éclairé.

— C'est un mauvais tour que je vous joue alors, monseigneur.

— Que voulez-vous dire, ma mie ? demanda Henri.

— Je veux dire que lorsqu'on est maître de la plus belle femme de France, la seule chose qu'on doive désirer, c'est que la lumière disparaisse pour faire place à l'obscurité, car c'est dans l'obscurité que nous attend le bonheur.

— Ce bonheur, mauvaise, vous savez bien qu'il est aux mains d'une seule personne, et que cette personne se rit et se joue du pauvre Henri.

— Oh ! reprit la baronne, j'aurais cru au contraire, moi, que c'était cette personne qui était le jouet et la risée du roi de Navarre.

Henri fut effrayé de cette attitude hostile ; et cependant il réfléchit qu'elle trahissait le dépit, et que le dépit n'est que le masque de l'amour.

— En vérité, dit-il, chère Charlotte, vous me faites là un injuste reproche, et je ne comprends pas qu'une si jolie bouche soit en même temps si cruelle. Croyez-vous donc que ce soit moi qui me marie ! Eh ! non, ventre-saint-gris ! ce n'est pas moi !

— C'est moi, peut-être ! reprit aigrement la baronne, si jamais peut paraître aigre la voix de la femme qui nous aime et qui nous reproche de ne pas l'aimer.

— Avec vos beaux yeux n'avez-vous pas vu plus loin, baronne ! Non, non, ce n'est pas Henri de Navarre qui épouse Marguerite de Valois.

— Et qu'est-ce donc, alors ?

— Eh, sang-diou! c'est la religion réformée qui épouse le pape, voilà tout.

— Nenni, nenni, monseigneur, et je ne me laisse pas prendre à vos jeux d'esprit, moi : Votre Majesté aime madame Marguerite, et je ne vous en fais pas un reproche, Dieu m'en garde! Elle est assez belle pour être aimée.

Henri réfléchit un instant, et tandis qu'il réfléchissait un fin sourire retroussa le coin de ses lèvres.

— Baronne, dit-il, vous me cherchez querelle, ce me semble, et cependant vous n'en avez pas le droit ; qu'avez-vous fait, voyons! pour m'empêcher d'épouser madame Marguerite? Rien ; au contraire, vous m'avez toujours désespéré.

— Et bien m'en a pris, monseigneur! répondit madame de Sauve.

— Comment cela?

— Sans doute, puisque aujourd'hui vous en épousez une autre.

— Ah! je l'épouse parce que vous ne m'aimez pas.

— Si je vous eusse aimé, sire, il me faudrait donc mourir dans une heure!

— Dans une heure! Que voulez-vous dire, et de quelle mort seriez-vous morte?

— De jalousie... Car dans une heure, la reine de Navarre renverra ses femmes et Votre Majesté ses gentilshommes.

— Est-ce là véritablement la pensée qui vous préoccupe, ma mie?

— Je ne dis pas cela. — Je dis que si je vous aimais, elle me préoccuperait horriblement.

— Eh bien, s'écria Henri au comble de la joie d'entendre cet aveu, le premier qu'il eût reçu, si le roi de Navarre ne renvoyait pas ses gentilshommes ce soir?

— Sire, dit madame de Sauve regardant le roi avec un étonnement qui cette fois n'était pas joué, vous dites là des choses impossibles et surtout incroyables.

— Pour que vous les croyiez, que faut-il donc faire?

— Il faudrait m'en donner la preuve, et cette preuve, vous ne pouvez me la donner.

— Si fait, baronne, si fait. Par saint Henri! je vous la donnerai, au contraire, s'écria le roi en dévorant la jeune femme d'un regard embrasé d'amour.

— O Votre Majesté! murmura la belle Charlotte en baissant la voix et les yeux. — Je ne comprends pas. — Non, non! il est impossible que vous échappiez au bonheur qui vous attend.

— Il y a quatre Henri dans cette salle, mon adorée! reprit le roi; Henri de France, Henri de Condé, Henri de Guise; mais il n'y a qu'un Henri de Navarre.

— Eh bien?

— Eh bien! si vous avez ce Henri de Navarre près de vous toute cette nuit?

— Toute cette nuit?

— Oui; serez-vous certaine qu'il ne sera pas près d'une autre?

— Ah! si vous faites cela, sire! s'écria à son tour la dame de Sauve.

— Foi de gentilhomme, je le ferai.

Madame de Sauve leva ses grands yeux humides de voluptueuses promesses et sourit au roi, dont le cœur s'emplit d'une joie enivrante.

— Voyons, reprit Henri, en ce cas, que direz-vous?

— Oh! en ce cas, répondit Charlotte, en ce cas, je dirai que je suis véritablement aimée de Votre Majesté.

— Ventre saint-gris! vous le direz donc; car cela est, baronne.

— Mais comment faire? murmura madame de Sauve.

— Oh, par Dieu! baronne, il n'est point que vous n'ayez autour de vous quelque camérière, quelque suivante, quelque fille dont vous soyez sûre?

— Oh! j'ai Dariole, qui m'est si dévouée qu'elle se ferait couper en morceaux pour moi; un véritable trésor.

— Sang-diou, baronne! dites à cette fille que je ferai sa fortune quand je serai roi de France, comme me le prédisent les astrologues.

Charlotte sourit; car, dès cette époque,

la réputation gasconne du Béarnais était déjà établie à l'endroit de ses promesses.

— Eh bien, dit-elle, que désirez-vous de Dariole?

— Bien peu de chose pour elle, tout pour moi.

— Enfin?

— Votre appartement est au-dessus du mien.

— Oui.

— Qu'elle attende derrière la porte. Je frapperai doucement trois coups ; elle ouvrira, et vous aurez la preuve que je vous ai offerte.

Madame de Sauve garda le silence pendant quelques secondes, puis, comme si elle eût regardé autour d'elle pour n'être pas entendue, elle fixa un instant la vue sur le groupe où se tenait la reine-mère ;

mais si court que fût cet instant, il suffit pour que Catherine et sa dame d'atour échangeassent chacune un regard.

— Oh! si je voulais, dit madame de Sauve avec un accent de sirène qui eût fait fondre la cire dans les oreilles d'Ulysse, si je voulais prendre Votre Majesté en mensonge...

— Essayez, ma mie, essayez...

— Ah, ma foi! j'avoue que j'en combats l'envie.

— Laissez-vous vaincre; les femmes ne sont jamais si fortes qu'après leur défaite.

— Sire, je retiens votre promesse pour Dariole le jour où vous serez roi de France.

Henri jeta un cri de joie.

C'était juste au moment où ce cri s'échappait de la bouche du Béarnais que la reine de Navarre répondait au duc de Guise :

— *Noctu pro more,* Cette nuit comme d'habitude.

Alors Henri s'éloigna de madame de Sauve aussi heureux que l'était le duc de Guise en s'éloignant lui-même de Marguerite de Valois.

Une heure après la double scène que nous venons de raconter, le roi Charles et la reine-mère se retirèrent dans leurs appartements; presque aussitôt les salles commencèrent à se dépeupler, les galeries laissèrent voir la base de leurs colonnes de marbre. L'amiral et le prince de Condé furent reconduits par quatre cents gentilshommes huguenots au milieu de la foule qui grondait sur leur passage. Puis Henri de Guise, avec les seigneurs lorrains et les catholiques, sortirent à leur tour, escortés des cris de joie et des applaudissements du peuple.

Quant à Marguerite de Valois, à Henri de Navarre et à madame de Sauve, on sait qu'ils demeuraient au Louvre même.

CHAPITRE II.

LA CHAMBRE DE LA REINE DE NAVARRE.

Le duc de Guise reconduisit sa belle-sœur, la duchesse de Nevers, en son hôtel, qui était situé rue du Chaume, en face la rue de Brac, et, après l'avoir remise à ses femmes, passa dans son appartement pour changer de costume, prendre un manteau de nuit et s'armer d'un de ces poignards courts et aigus qu'on appelait une foi de gentilhomme, lesquels se portaient sans l'épée ; mais au moment où il le prenait sur la table où il était déposé, il aperçut un petit billet serré entre la lame et le fourreau.

Il l'ouvrit et lut ce qui suit :

« J'espère bien que M. de Guise ne retournera pas cette nuit au Louvre, ou, s'il y retourne, qu'il prendra au moins la précaution de s'armer d'une bonne cotte de mailles et d'une bonne épée. »

— Ah! ah! dit le duc en se retournant vers son valet de chambre, voici un singulier avertissement, maître Robin. Maintenant faites-moi le plaisir de me dire quelles sont les personnes qui ont pénétré ici pendant mon absence?

— Une seule, monseigneur.

— Laquelle?

— Monsieur Du Gast.

— Ah! ah! En effet il me semblait bien reconnaître l'écriture. Et tu es sûr que Du Gast est venu, tu l'as vu?

— J'ai fait plus, monseigneur, je lui ai parlé.

— Bon; alors je suivrai le conseil. Ma jaquette et mon épée.

Le valet de chambre, habitué à ces mutations de costumes, apporta l'une et l'autre. Le duc alors revêtit sa jaquette, qui était en chaînons de mailles si souples que la trame d'acier n'était guère plus épaisse que du velours; puis il passa par-dessus son jacques, des chausses et un pourpoint gris et argent, qui étaient ses couleurs favorites; tira de longues bottes qui montaient jusqu'au milieu de ses cuisses, se coiffa d'un toquet de velours noir sans plume ni pierreries, s'enveloppa d'un manteau de couleur sombre, passa un poignard à sa ceinture, et mettant son épée aux mains d'un page, seule escorte dont il voulût se faire accompagner, il prit le chemin du Louvre.

Comme il posait le pied sur le seuil de l'hôtel, le veilleur de St-Germain-l'Auxerrois venait d'annoncer une heure du matin.

Si avancée que fût la nuit et si peu sûres que fussent les rues à cette époque, aucun accident n'arriva à l'aventureux prince par le chemin, et il arriva sain et sauf devant la masse colossale du vieux Louvre, dont toutes les lumières s'étaient successivement éteintes, et qui se dressait à cette heure, formidable de silence et d'obscurité.

En avant du château royal s'étendait un fossé profond, sur lequel donnaient la plupart des chambres des princes logés au palais. L'appartement de Marguerite était situé au premier étage.

Mais ce premier étage, accessible s'il n'y eût point eu de fossé, se trouvait, grâce au retranchement, élevé de près de trente pieds, et, par conséquent, hors de l'atteinte des amants et des voleurs, ce qui n'empêcha point M. le duc de Guise de descendre résolument dans le fossé.

Au même instant, on entendit le bruit d'une fenêtre du rez-de-chaussée qui s'ouvrait. Cette fenêtre était grillée; mais une main parut, souleva un des barreaux descellé d'avance, et laissa pendre, par cette ouverture, un lacet de soie.

— Est-ce vous, Gillonne? demanda le duc à voix basse.

— Oui, monseigneur, répondit une

voix de femme, d'un accent plus bas encore.

— Et Marguerite?
— Elle vous attend.
— Bien.

A ces mots le duc fit signe à son page, qui, ouvrant son manteau, déroula une petite échelle de corde. Le prince attacha l'une des extrémités de l'échelle au lacet qui pendait. Gillonne tira l'échelle à elle, l'assujettit solidement; et le prince, après avoir bouclé son épée à son ceinturon, commença l'escalade, qu'il acheva sans accident. Derrière lui, le barreau reprit sa place, la fenêtre se referma, et le page, après avoir vu entrer paisiblement son seigneur dans le Louvre, aux fenêtres duquel il l'avait accompagné vingt fois de la même façon, s'alla coucher, enveloppé dans son manteau, sur l'herbe du fossé et à l'ombre de la muraille.

Il faisait une nuit sombre, et quelques gouttes d'eau tombaient tièdes et larges des nuages chargés de soufre et d'électricité.

Le duc de Guise suivit la conductrice, qui n'était rien moins que la fille de Jacques de Matignon, maréchal de France; c'était la confidente toute particulière de Marguerite, qui n'avait aucun secret pour elle, et l'on prétendait qu'au nombre des mystères qu'enfermait son incorruptible fidélité, il y en avait de si terribles que c'étaient ceux-là qui la forçaient de garder les autres.

Aucune lumière n'était demeurée ni dans les chambres basses ni dans les corridors; de temps en temps seulement un éclair livide illuminait les appartements sombres d'un reflet bleuâtre qui disparaissait aussitôt.

Le duc, toujours guidé par sa conductrice qui le tenait par la main, atteignit enfin un escalier en spirale pratiqué dans l'épaisseur d'un mur et qui s'ouvrait par une porte secrète et invisible dans l'antichambre de l'appartement de Marguerite.

L'antichambre, comme les autres salles du bas, était dans la plus profonde obscurité.

Arrivés dans cette antichambre, Gillonne s'arrêta.

— Avez-vous apporté ce que désire la reine? demanda-t-elle à voix basse.

— Oui, répondit le duc de Guise; mais je ne le remettrai qu'à Sa Majesté elle-même.

— Venez donc et sans perdre un instant! dit alors au milieu de l'obscurité une voix qui fit tressaillir le duc, car il la reconnut pour celle de Marguerite.

Et en même temps, une portière de velours violet fleurdelisée d'or se soulevant, le duc distingua dans l'ombre la reine elle-même, qui, impatiente, était venue au-devant de lui.

— Me voici, madame! dit alors le duc.

Et il passa rapidement de l'autre côté de la portière, qui retomba derrière lui.

Alors ce fut à son tour, Marguerite de Valois, de servir de guide au prince dans cet appartement, d'ailleurs bien connu de lui, tandis que Gillonne restée à la porte avait, en portant le doigt à sa bouche, rassuré sa royale maîtresse.

Comme si elle eût compris les jalouses

inquiétudes du duc, Marguerite le conduisit jusque dans sa chambre à coucher : là elle s'arrêta.

—Eh bien, lui dit-elle, êtes-vous content, duc ?

— Content, madame... demanda celui-ci, et de quoi, je vous prie?

— De cette preuve que je vous donne, reprit Marguerite avec un léger accent de dépit, que j'appartiens à un homme qui le soir de son mariage, la nuit même de ses noces, fait assez peu de cas de moi pour n'être pas même venu me remercier de l'honneur que je lui ai fait, non pas en le choisissant mais en l'acceptant pour époux.

— Oh madame! dit tristement le duc, rassurez-vous, il viendra, surtout si vous le désirez.

—Et c'est vous qui dites cela, Henri, s'écria Marguerite, vous qui, entre tous, savez le contraire de ce que vous dites! Si j'avais le désir que vous me supposez, vous eussé-je donc prié de venir au Louvre?

— Vous m'avez prié de venir au Louvre, Marguerite, parce que vous avez le désir d'éteindre tout vestige de notre passé, et que ce passé vivait non-seulement dans mon cœur, mais dans ce coffre d'argent que je vous rapporte.

— Henri, voulez-vous que je vous dise une chose, reprit Marguerite en regardant fixement le duc, c'est que vous ne me faites plus l'effet d'un prince, mais d'un écolier! Moi nier que je vous ai aimé! moi vouloir éteindre une flamme qui mourra peut-être, mais dont le reflet ne mourra pas! Car les amours des personnes de non rang illuminent et souvent dévorent tute l'époque qui leur est contemporaine. Non, non, mon duc! Vous pouvez garder les lettres de votre Marguerite et le coffre qu'elle vous a donné. De ces lettres que contient le coffre elle ne vous en demande qu'une seule, et encore parce que cette lettre est aussi dangereuse pour vous que pour elle.

— Tout est à vous, dit le duc; choisissez donc là-dedans celle que vous voudrez anéantir.

Marguerite fouilla vivement dans le coffre ouvert, et d'une main frémissante prt l'une après l'autre une douzaine de letres dont elle se contenta de regarder les dresses, comme si à l'inspection de ces seues adresses sa mémoire lui rappelait ce que contenaient ces lettres ; mais arrivée au bout de l'examen, elle regarda le duc, et toute pâlissante :

— Monsieur, dit-elle, celle que je cherche n'est pas là. L'auriez-vous perdue par hasard, car quant à l'avoir livrée...

— Et quelle lettre cherchez-vous, madame ?

— Celle dans laquelle je vous disais de vous marier sans retard.

— Pour excuser votre infidélité ?

Marguerite haussa les épaules.

— Non ; mais pour vous sauver la vie. Celle où je vous disais que le roi, voyant notre amour et les efforts que je faisais pour rompre votre future union avec l'infante de Portugal, avait fait venir son frère le bâtard d'Angoulême, et lui avait dit en lui montrant deux épées : « De celle-ci tue Henri de Guise ce soir, ou de celle-là je te tuerai demain. » Cette lettre, où est-elle ?

— La voici, dit le duc de Guise en la tirant de sa poitrine.

Marguerite la lui arracha presque des mains, l'ouvrit avidement, s'assura que c'était bien celle qu'elle réclamait, poussa une exclamation de joie et l'approcha de la bougie. La flamme se communiqua aussitôt de la mèche au papier, qui en un instant fut consumé ; puis, comme si Marguerite eût craint qu'on pût aller chercher l'imprudent avis jusque dans les cendres, elle les écrasa sous son pied.

Le duc de Guise pendant toute cette fiévreuse action avait suivi des yeux sa maîtresse.

— Eh bien, Marguerite, dit-il quand

elle eut fini, êtes-vous contente maintenant?

— Oui, car maintenant que vous avez épousé la princesse de Porcian, mon frère me pardonnera votre amour; tandis qu'il ne m'eût pas pardonné la révélation d'un secret comme celui que, dans ma faiblesse pour vous, je n'ai pas eu la puissance de vous cacher.

— C'est vrai, dit le duc de Guise; dans ce temps-là vous m'aimiez.

— Et je vous aime encore, Henri, autant et plus que jamais.

— Vous ?...

— Oui, moi; car jamais plus qu'aujourd'hui je n'eus besoin d'un ami sincère et dévoué. Reine, je n'ai pas de trône; femme, je n'ai pas de mari.

Le jeune prince secoua tristement la tête.

— Mais quand je vous dis, quand je vous répète, Henri, que mon mari, non-seulement ne m'aime pas, mais qu'il me hait, mais qu'il me méprise; d'ailleurs, il me semble que votre présence dans la chambre où il devrait être, fait bien preuve de cette haine et de ce mépris.

— Il n'est pas encore tard, madame, et il a fallu au roi de Navarre le temps de congédier ses gentilshommes, et s'il n'est pas venu, il ne tardera pas à venir.

— Et moi je vous dis, s'écria Marguerite avec un dépit croissant, moi je vous dis qu'il ne viendra pas.

— Madame, s'écria Gillonne en ouvrant la porte et en soulevant la portière; madame, le roi de Navarre sort de son appartement.

— Oh! je le savais bien, moi, qu'il viendrait! s'écria le duc de Guise.

— Henri, dit Marguerite d'une voix brève et en saisissant la main du duc, Henri, vous allez voir si je suis une femme de parole et si l'on peut compter sur ce que j'ai promis une fois. Henri, entrez dans ce cabinet.

— Madame, laissez-moi partir s'il en est temps encore, car songez qu'à la première marque d'amour qu'il vous donne, je sors de ce cabinet, et alors, malheur à lui!

— Vous êtes fou; entrez, entrez, vous dis-je, je réponds de tout.

Et elle poussa le duc dans le cabinet.

Il était temps. La porte était à peine fermée derrière le prince que le roi de

Navarre, escorté de deux pages, qui portaient huit flambeaux de cire rose sur deux candélabres, apparut souriant sur le seuil de la chambre.

Marguerite cacha son trouble en faisant une profonde révérence.

— Vous n'êtes pas encore au lit, madame, demanda le Béarnais avec sa physionomie ouverte et joyeuse, m'attendiez-vous, par hasard?

— Non, monsieur, répondit Marguerite, car hier encore vous m'avez dit que vous saviez bien que notre mariage était une alliance politique, et que vous ne me contraindriez jamais.

— A la bonne heure; mais ceci n'est point une raison pour ne pas causer quelque peu ensemble. — Gillonne, fermez la porte et laissez-nous.

Marguerite, qui était assise, se leva, et étendit la main comme pour ordonner aux pages de rester.

— Faut-il que j'appelle vos femmes? demanda le roi. Je le ferai si tel est votre désir, quoique je vous avoue que, pour les choses que j'ai à vous dire, j'aimerais mieux que nous fussions en tête-à-tête.

Et le roi de Navarre s'avança vers le cabinet.

— Non! s'écria Marguerite en s'élançant au-devant de lui avec impétuosité; non, c'est inutile et je suis prête à vous entendre.

Le Béarnais savait ce qu'il voulait savoir; il jeta un regard rapide et profond vers le cabinet, comme s'il eût voulu, malgré la portière qui le voilait, pénétrer dans ses plus sombres profondeurs; puis ramenant ses regards sur sa belle épousée pâle de terreur :

— En ce cas, madame, dit-il d'une voix parfaitement calme, causons donc un instant.

— Comme il plaira à Votre Majesté, dit la jeune femme en retombant plutôt qu'elle ne s'assit sur le siége que lui indiquait son mari.

Le Béarnais se plaça près d'elle.

— Madame, continua-t-il, quoi qu'en aient dit bien des gens, notre mariage est, je le pense, un bon mariage. Je suis bien à vous et vous êtes bien à moi.

— Mais... dit Marguerite effrayée.

— Nous devons en conséquence, continua le roi de Navarre sans paraître remarquer l'hésitation de Marguerite, agir l'un envers l'autre comme de bons alliés puisque nous nous sommes aujourd'hui juré alliance devant Dieu. N'est-ce pas votre avis?

— Sans doute, monsieur.

— Je sais, madame, combien votre pénétration est grande, je sais combien le terrain de la cour est semé de dangereux abîmes ; or je suis jeune, et, quoique je n'aie jamais fait de mal à personne, j'ai bon nombre d'ennemis. Dans quel camp, madame, dois-je ranger celle qui porte mon nom et qui m'a juré affection au pied de l'autel?

— Oh! monsieur, pourriez-vous penser...

— Je ne pense rien, madame, j'espère, et je veux m'assurer que mon espérance est fondée. Il est certain que notre mariage n'est qu'un prétexte ou qu'un piége.

Marguerite tressaillit, car peut-être aussi cette pensée s'était-elle présentée à son esprit.

— Maintenant, lequel des deux? continua Henri de Navarre. Le roi me hait, le duc d'Anjou me hait, le duc d'Alençon me hait, Catherine de Médicis haïssait trop ma mère pour ne point me haïr.

— Oh! monsieur, que dites-vous?

— La vérité, madame, reprit le roi, et je voudrais, afin qu'on ne crût pas que je suis dupe de l'assassinat de M. de Mouy et de l'empoisonnement de ma mère, je voudrais qu'il y eût ici quelqu'un qui pût m'entendre.

— O monsieur! dit vivement Marguerite, et de l'air le plus calme et le plus souriant qu'elle put prendre, vous savez bien qu'il n'y a ici que vous et moi.

— Et voilà justement ce qui fait que je m'abandonne, voilà ce qui fait que j'ose vous dire que je ne suis dupe ni des caresses que me fait la maison de France, ni de celles que me fait la maison de Lorraine.

— Sire, sire ! s'écria Marguerite.

— Eh bien ! qu'y a-t-il, ma mie ? demanda Henri souriant à son tour.

— Il y a, monsieur, que de pareils discours sont bien dangereux.

— Non pas quand on est en tête-à-tête, reprit le roi. Je vous disais donc...

Marguerite était visiblement au supplice ; elle eût voulu arrêter chaque parole sur les lèvres du Béarnais ; mais Henri continua avec son apparente bonhomie.

— Je vous disais donc que j'étais menacé de tous les côtés, menacé par le roi, menacé par le duc d'Alençon, menacé par le duc d'Anjou, menacé par la reine-mère, menacé par le duc de Guise, par le duc de Mayenne, par le cardinal de Lorraine, menacé par tout le monde, enfin. On sent cela instinctivement; vous le savez, madame. Eh bien! contre toutes ces menaces qui ne peuvent tarder de devenir des attaques, je puis me défendre avec votre secours; car vous êtes aimée, vous, de toutes les personnes qui me détestent.

— Moi! dit Marguerite.

— Oui, vous, reprit Henri de Navarre avec une bonhomie parfaite; oui, vous êtes aimée du roi Charles, vous êtes aimée, il appuya sur le mot, du duc d'Alençon; vous êtes aimée de la reine Catherine; enfin, vous êtes aimée du duc de Guise.

— Monsieur, murmura Marguerite.

—Eh bien! qu'y a-t-il donc d'étonnant que tout le monde vous aime? Ceux que je viens de vous nommer sont vos frères ou vos parents. Aimer ses parents et ses frères, c'est vivre selon le cœur de Dieu.

—Mais enfin, reprit Marguerite oppressée, où en voulez-vous venir, monsieur?

—J'en veux venir à ce que je vous ai dit : c'est que si vous vous faites, je ne dirai pas mon amie, mais mon alliée, je puis tout braver; tandis qu'au contraire, si vous vous faites mon ennemie, je suis perdu.

—Oh! votre ennemie, jamais, monsieur, s'écria Marguerite.

—Mais mon amie, jamais non plus?...

—Peut-être.

—Et mon alliée?

—Certainement.

5.

Et Marguerite se retourna et tendit la main au roi.

Henri la prit, la baisa galamment, et la gardant dans les siennes bien plus dans un désir d'investigation que par un sentiment de tendresse :

— Eh bien! je vous crois, madame, dit-il, et vous accepte pour alliée. Ainsi donc on nous a mariés sans que nous nous connussions, sans que nous nous aimassions; on nous a mariés sans nous consulter, nous qu'on mariait. Nous ne nous devons donc rien comme mari et femme. Vous voyez, madame, que je vais au devant de vos vœux, et que je vous confirme ce soir ce que je vous disais hier. Mais nous, nous nous allions librement, sans que personne nous y force ; nous, nous allions comme deux cœurs loyaux qui se doivent protection mutuelle et s'allient; c'est bien comme cela que vous l'entendez?

— Oui, monsieur, dit Marguerite en essayant de retirer sa main.

— Eh bien! continua le Béarnais les yeux toujours fixés sur la porte du cabinet, comme la première preuve d'une alliance franche est la confiance la plus absolue, je vais, madame, vous raconter dans ses détails les plus secrets le plan que j'ai formé à l'effet de combattre victorieusement toutes ces inimitiés.

— Monsieur.... murmura Marguerite en tournant à son tour et malgré elle les yeux vers le cabinet, tandis que le Béarnais, voyant sa ruse réussir, souriait dans sa barbe.

— Voilà donc ce que je vais faire, continua-t-il sans paraître remarquer le trouble de la jeune femme ; je vais...

— Monsieur, s'écria Marguerite en se levant vivement et en saisissant le roi par le bras, permettez que je respire ; l'émotion... la chaleur... j'étouffe.

En effet, Marguerite était pâle et tremblante comme si elle allait se laisser choir sur le tapis.

Henri marcha droit à une fenêtre située à bonne distance et l'ouvrit. Cette fenêtre donnait sur la rivière.

Marguerite le suivit.

— Silence ! silence ! sire ! par pitié pour vous ! murmura-t-elle.

— Eh ! madame, fit le Béarnais en souriant à sa manière, ne m'avez-vous pas dit que nous étions seuls ?

— Oui, monsieur ; mais n'avez-vous pas

entendu dire qu'à l'aide d'une sarbacane, introduite à travers un plafond ou à travers un mur, on peut tout entendre?

— Bien, madame, bien, dit vivement et tout bas le Béarnais. Vous ne m'aimez pas, c'est vrai; mais vous êtes une honnête femme.

— Que voulez-vous dire, monsieur?

— Je veux dire que si vous étiez capable de me trahir, vous m'eussiez laissé continuer, puisque je me trahissais tout seul. Vous m'avez arrêté. Je sais maintenant que quelqu'un est caché ici; que vous êtes une épouse infidèle, mais une fidèle alliée, et dans ce moment-ci, ajouta le Béarnais en souriant, j'ai plus besoin, je l'avoue, de fidélité en politique qu'en amour.

— Sire, murmura Marguerite confuse.

— Bon, bon, nous parlerons de tout cela plus tard, dit Henri, quand nous nous connaîtrons mieux.

Puis, haussant la voix :

— Et bien! continua-t-il, respirez-vous plus librement à cette heure, madame?

— Oui, sire, oui, murmura Marguerite.

— En ce cas, reprit le Béarnais, je ne veux pas vous importuner plus longtemps. Je vous devais mes respects et quelques avances de bonne amitié ; veuillez les accepter comme je vous les offre, de tout mon cœur. Reposez-vous donc et bonne nuit.

Marguerite leva sur son mari un œil brillant de reconnaissance et à son tour lui tendit la main.

— C'est convenu, dit-elle.

— Alliance politique, franche et loyale? demanda Henri.

— Franche et loyale, répondit la reine.

Alors le Béarnais marcha vers la porte, attirant du regard Marguerite comme fascinée. Puis, lorsque la portière fût retombée entre eux et la chambre à coucher :

— Merci, Marguerite, dit vivement Henri à voix basse, merci! Vous êtes une vraie fille de France. Je pars tranquille. A défaut de votre amour, votre amitié ne me fera pas défaut. Je compte sur vous, comme de votre côté vous pouvez compter sur moi. Adieu, madame.

Et Henri baisa la main de sa femme en la pressant doucement; puis, d'un pas agile, il retourna chez lui en se disant tout bas dans le corridor :

— Qui diable est chez elle? Est-ce le roi, est-ce le duc d'Anjou, est-ce le duc d'Alençon, est-ce le duc de Guise, est-ce un frère, est-ce un amant, est-ce l'un et l'autre? En vérité, je suis presque fâché d'avoir demandé maintenant ce rendez-vous à la baronne; mais puisque je lui ai engagé ma parole et que Dariole m'attend... n'importe, elle perdra un peu, j'en ai peur, à ce que j'aie passé par la chambre à coucher de ma femme pour aller chez elle, car, ventre-saint-gris! cette Margot, comme l'appelle mon beau-frère Charles IX, est une adorable créature.

Et d'un pas dans lequel se trahissait une légère hésitation, Henri de Navarre monta l'escalier qui conduisait à l'appartement de madame de Sauve.

Marguerite l'avait suivi des yeux jusqu'à ce qu'il eût disparu, et alors elle était rentrée dans sa chambre. Elle trouva le duc à la porte du cabinet : cette vue lui inspira presque un remords.

De son côté le duc était grave, et son sourcil froncé dénonçait une amère préoccupation.

— Marguerite est neutre aujourd'hui, dit-il, Marguerite sera hostile dans huit jours.

— Ah! vous avez écouté? dit Marguerite.

— Que vouliez-vous que je fisse dans ce cabinet?

— Et vous trouvez que je me suis conduite autrement que devait se conduire la reine de Navarre?

— Non, mais autrement que devait se conduire la maîtresse du duc de Ghise.

— Monsieur, répondit la reine, je puis

ne pas aimer mon mari ; mais personne n'a le droit d'exiger de moi que je le trahisse. De bonne foi, trahiriez-vous les secrets de la princesse de Porcian, votre femme?

— Allons, allons, madame, dit le duc en secouant la tête, c'est bien. Je vois que vous ne m'aimez plus comme aux jours où vous me racontiez ce que tramait le roi contre moi et les miens.

— Le roi était le fort et vous étiez les faibles. Henri est le faible et vous êtes les forts. Je joue toujours le même rôle, vous le voyez bien.

— Seulement vous passez d'un camp à l'autre.

— C'est un droit que j'ai acquis, monsieur, en vous sauvant la vie.

— Bien, madame; et comme quand on se sépare on se rend entre amants tout ce qu'on s'est donné, je vous sauverai la vie à mon tour, si l'occasion s'en présente, et nous serons quittes.

Et sur ce le duc s'inclina et sortit sans que Marguerite fît un geste pour le retenir.

Dans l'antichambre il retrouva Gillonne, qui le conduisit jusqu'à la fenêtre du rez-de-chaussée, et dans les fossés son page avec lequel il retourna à l'hôtel de Guise.

Pendant ce temps, Marguerite, rêveuse, alla se placer à sa fenêtre.

— Quelle nuit de noces, murmura-t-elle, l'époux me fuit et l'amant me quitte !

En ce moment passa de l'autre côté du fossé, venant de la Tour de Bois et remontant vers le moulin de la Monnaie, un écolier le poing sur la hanche et chantant :

> Pourquoi doncques quand je veux
> Ou mordre tes beaux cheveux,
> Ou baiser ta bouche aimée,
> Ou toucher à ton beau sein,
> Contrefais-tu la nonnain
> Dedans un cloître enfermée ?
>
> Pourqui gardes-tu tes yeux
> Et ton sein délicieux,
> Ton front, ta lèvre jumelle ?
> En veux-tu baiser Pluton,
> Là-bas après que Caron
> T'aura mise en sa nacelle ?
>
> Après ton dernier trépas,
> Belle, tu n'auras là-bas
> Qu'une bouchette blêmie ;
> Et quand, mort, je te verrai,
> Aux ombres je n'avourai
> Que jadis tu fus ma mie !
>
> Doncques tandis que tu vis,
> Change, maîtresse, d'avis,

Et ne m'épargne ta bouche,
Car au jour où tu mourras
Lors tu te repentiras
De m'avoir été farouche.

Marguerite écouta cette chanson en souriant avec mélancolie ; puis, lorsque la voix de l'écolier se fut perdue dans le lointain, elle referma la fenêtre, et appela Gillonne pour l'aider à se mettre au lit.

CHAPITRE III.

UN ROI POËTE.

Le lendemain et les jours qui suivirent se passèrent en fêtes, ballets et tournois.

La même fusion continuait de s'opérer entre les deux partis. C'étaient des caresses et des attendrissements à faire perdre la tête aux plus enragés huguenots. On avait vu le père Cotton dîner et faire débauche avec le baron de Courtaumer; le duc de Guise remonter la Seine en bateau de symphonie avec le prince de Condé.

Le roi Charles paraissait avoir fait divorce avec sa mélancolie habituelle, et ne pouvait plus se passer de son beau-frère Henri. Enfin la reine-mère était si joyeuse et si occupée de broderies, de joyaux et de panaches qu'elle en perdait le sommeil.

Les huguenots, quelque peu amollis par cette Capoue nouvelle, commençaient à revêtir les pourpoints de soie, à arborer les devises et à parader devant certains balcons comme s'ils eussent été catholiques. De tous côtés c'était une réaction en faveur de la religion réformée, à croire que toute la cour allait se faire protestante. L'amiral lui-même, malgré son expérience, s'y était laissé prendre comme les autres, et il en avait la tête tellement montée, qu'un soir il avait oublié, pendant deux heures, de mâcher son cure-dent, occupation à laquelle il se livrait d'ordinaire, depuis deux heures de l'après-midi, moment où son diner finissait, jusqu'à huit heures du soir, moment auquel il se remettait à table pour souper.

Le soir où l'amiral s'était laissé aller à cet incroyable oubli de ses habitudes, le roi Charles IX avait invité à goûter avec lui en petit comité, Henri de Navarre et le duc de Guise. Puis, la collation terminée, il avait passé avec eux dans sa chambre, et là il leur expliquait l'ingénieux mécanisme d'un piége à loups qu'il avait inventé lui-même, lorsque, s'interrompant tout à coup :

— Monsieur l'amiral ne vient-il donc pas ce soir? demanda-t-il; qui l'a aperçu aujourd'hui et qui peut me donner de ses nouvelles?

— Moi, dit le roi de Navarre, et au cas où Votre Majesté serait inquiète de sa santé, je pourrais la rassurer, car je l'ai vu ce matin à six heures et ce soir à sept.

— Ah! ah! fit le roi, dont les yeux un instant distraits se reposèrent avec une curiosité perçante sur son beau-frère, vous êtes bien matineux, Henriot, pour un jeune marié!

— Oui, sire, répondit le roi de Béarn, je voulais savoir de l'amiral, qui sait tout, si quelques gentilshommes que j'attends encore ne sont point en route pour venir.

— Des gentilshommes encore! vous en aviez huit cents le jour de vos noces, et tous les jours il en arrive de nouveaux, voulez-vous donc nous envahir? dit Charles IX en riant.

Le duc de Guise fronça le sourcil.

— Sire, répliqua le Béarnais, on parle d'une entreprise sur les Flandres, et je réunis autour de moi tous ceux de mon pays et des environs que je crois pouvoir être utiles à Votre Majesté.

Le duc, se rappelant le projet dont le Béarnais avait parlé à Marguerite le jour de ses noces, écouta plus attentivement.

Bon, bon ! répondit le roi avec son sourire fauve, plus il y en aura, plus nous serons contents ; amenez, amenez, Henri. Mais qui sont ces gentilshommes ; des vaillants, j'espère ?

— J'ignore, sire, si mes gentilshommes vaudront jamais ceux de Votre Majesté, ceux de M. le duc d'Anjou ou ceux de

M. de Guise, mais je les connais et sais qu'ils feront de leur mieux.

— En attendez-vous beaucoup?

— Dix ou douze encore.

— Vous les appelez?

— Sire, leurs noms m'échappent, et à l'exception de l'un d'eux qui m'est recommandé par Téligny comme un gentilhomme accompli et qui s'appelle de La Mole, je ne saurais dire...

— De La Mole! n'est-ce point un Lerac de La Mole, reprit le roi fort versé dans la science généalogique, un Provençal?

— Précisément, sire; comme vous voyez, je recrute jusqu'en Provence.

— Et moi, dit le duc de Guise avec un sourire moqueur, je vais plus loin encore que Sa Majesté le roi de Navarre, car je vais chercher jusqu'en Piémont tous les catholiques sûrs que j'y puis trouver.

— Catholiques ou huguenots, interrompit le roi, peu m'importe, pourvu qu'ils soient vaillants.

Le roi, pour dire ces paroles qui mêlaient dans son esprit huguenots et catholiques, avait pris une mine si indifférente, que le duc de Guise en fut étonné lui-même.

— Votre Majesté s'occupe de nos Flamands, dit l'amiral à qui le roi, depuis quelques jours, avait accordé la faveur d'entrer chez lui sans être annoncé, et qui venait d'entendre les dernières paroles de Sa Majesté.

— Ah ! voici mon père l'amiral, s'écria Charles IX en ouvrant les bras ; on parle de guerre, de gentilshommes, de vaillants, et il arrive ; ce que c'est que l'aimant, le fer s'y tourne; mon beau-frère de Navarre et mon cousin de Guise attendent des renforts pour votre armée. Voilà ce dont il était question.

— Et ces renforts arrivent, dit l'amiral.

— Avez-vous eu des nouvelles, monsieur ? demanda le Béarnais.

— Oui, mon fils, et particulièrement de M. de La Mole ; il était hier à Orléans, et sera demain ou après-demain à Paris.

— Peste ! M. l'amiral est donc nécroman, pour savoir ainsi ce qui se fait à trente ou quarante lieues de distance ! Quant à moi, je voudrais bien savoir avec pareille certitude ce qui se passera ou ce qui s'est passé devant Orléans !

Coligny resta impassible à ce trait sanglant du duc de Guise, lequel faisait évidemment allusion à la mort de François de Guise, son père, tué devant Orléans par Poltrot de Méré, non sans soupçon que l'amiral eût conseillé le crime.

— Monsieur, répliqua-t-il froidement et avec dignité, je suis nécroman toutes les fois que je veux savoir bien positivement ce qui importe à mes affaires ou à celles du roi. Mon courrier est arrivé d'Orléans il y a une heure, et, grâce à la poste, a fait trente-deux lieues dans la journée. M. de La Mole, qui voyage sur son cheval, n'en fait que dix par jour, lui, et arrivera seulement le 24. Voilà toute la magie.

— Bravo, mon père! bien répondu, dit Charles IX. Montrez à ces jeunes gens que c'est la sagesse en même temps que l'âge qui ont fait blanchir votre barbe et vos cheveux; aussi allons-nous les envoyer parler de leurs tournois et de leurs amours, et rester ensemble à parler de nos guerres. Ce sont les bons conseillers qui font les bons rois, mon père. Allez, messieurs, j'ai à causer avec l'amiral.

Les deux jeunes gens sortirent, le roi de Navarre d'abord, le duc de Guise ensuite; mais, hors la porte, chacun tourna de son côté après une froide révérence.

Coligny les avait suivis des yeux avec une certaine inquiétude, car il ne voyait jamais se rapprocher ces deux haines bien enracinées sans craindre qu'il n'en jaillît quelque nouvel éclair. Charles IX comprit ce qui se passait dans son esprit, vint à lui, et appuyant son bras au sien:

— Soyez tranquille, mon père, je suis

là pour maintenir chacun dans l'obéissance et le respect. Je suis véritablement roi depuis que ma mère n'est plus reine, et elle n'est plus reine depuis que Coligny est mon père.

— O sire, dit l'amiral, la reine Catherine...

— Est une brouillonne. Avec elle il n'y a pas de paix possible. Ces catholiques italiens sont enragés et n'entendent à rien qu'à exterminer. Moi, tout au contraire, non-seulement je veux pacifier, mais encore je veux donner de la puissance à ceux de la religion. Les autres sont trop dissolus, mon père, et ils me scandalisent par leurs amours et par leurs déréglements. Tiens, veux-tu que je te parle franchement, continua Charles IX en redoublant d'épanchement, je me défie de tout ce qui m'entoure, excepté de mes nouveaux amis! L'ambition de Tavannes m'est suspecte. Vieilleville n'aime que le bon vin, et il serait capable de trahir son roi pour une tonne de malvoisie. Montmorency ne se soucie que de la chasse, et passe son temps entre ses chiens et ses faucons. Le comte de Retz est Espagnol, les Guises sont Lorrains. Il n'y a de vrais Français en France, je crois, Dieu me pardonne! que moi, mon beau-frère de Navarre et toi. Mais moi je suis enchaîné au trône et ne puis commander les armées. C'est tout au plus si on me laisse chasser à mon aise à Saint-Germain et à Rambouillet. Mon beau-frère de Navarre est trop jeune et trop peu expérimenté. D'ailleurs il me semble en tout point tenir de son père Antoine, que les femmes ont toujours perdu. Il n'y a que toi, mon père, qui sois à la fois brave comme Julius Cæsar et sage comme Plato. Aussi je ne sais ce que je dois faire, en vérité. Te garder comme conseiller ici ou t'envoyer là-bas comme général. Si tu me conseilles, qui commandera? Si tu commandes, qui me conseillera?

— Sire, dit Coligny, il faut vaincre d'abord, puis le conseil viendra après la victoire.

— C'est ton avis, mon père; eh bien! soit. Il sera fait selon ton avis. Lundi tu partiras pour les Flandres, et moi pour Amboise.

— Votre Majesté quitte Paris?

— Oui. Je suis fatigué de tout ce bruit et de toutes ces fêtes. Je ne suis pas un homme d'action, moi, je suis un rêveur.

Je n'étais pas né pour être roi ; j'étais né pour être poète. Tu feras une espèce de conseil qui gouvernera, tant que tu seras à la guerre; et pourvu que ma mère n'en soit pas, tout ira bien. Moi, j'ai déjà prévenu Ronsard de venir me rejoindre ; et là, tous les deux loin du bruit, loin du monde, loin des méchants, sous nos grands bois, aux bords de la rivière, au murmure des ruisseaux, nous parlerons des choses de Dieu, seule compensation qu'il y ait en ce monde aux choses des hommes. Tiens, écoute ces vers par lesquels je l'invite à venir me rejoindre ; je les ai faits ce matin.

Coligny sourit. Charles IX passa sa main sur son front jaune et poli comme de l'ivoire, et dit avec une espèce de chant cadencé les vers suivants :

Ronsard, je connais bien que si tu ne me vois,
Tu oublies soudain de ton grand roi la voix,
Mais pour ton souvenir, pense que je n'oublie,
Continuer toujours d'apprendre en poésie,
Et pour ce j'ai voulu t'envoyer cet écrit
Pour enthousiasmer ton phantastique esprit.

Donc ne t'amuse plus aux soins de ton ménage,
Maintenant n'est plus temps de faire jardinage ;
Il faut suivre ton roi, qui t'aime par sus tous,
Pour les vers qui de toi coulent braves et doux,
Et crois, si tu ne viens me trouver à Amboise,
Qu'entre nous adviendra une bien grande noise.

— Bravo ! sire, bravo ! dit Coligny ; je me connais mieux en choses de guerre qu'en choses de poésie ; mais il me semble que ces vers valent les plus beaux que fassent Ronsard, Daurat et même M. Michel de L'Hospital, chancelier de France.

— Ah, mon père ! s'écria Charles IX, que ne dis-tu vrai ! car le titre de poète, vois-tu, est celui que j'ambitionne avant toutes choses ; et, comme je le disais il y a quelques jours à mon maître en poésie :

> L'art de faire des vers, dût-on s'en indigner,
> Doit être à plus haut prix que celui de régner ;
> Tous deux également nous portons des couronnes ;
> Mais roi, je les reçus, poète, tu les donnes.
> Ton esprit enflammé d'une céleste ardeur,
> Eclate par soi-même et moi par ma grandeur.
> Si du côté des dieux je cherche l'avantage,
> Ronsard est leur mignon et je suis leur image.
> Ta lyre, qui ravit par de si doux accords,
> Te soumet les esprits dont je n'ai que les corps ;
> Elle t'en rend le maître et te fait introduire
> Où le plus fier tyran n'a jamais eu d'empire.

— Sire, dit Coligny, je savais bien que Votre Majesté s'entretenait avec les Muses; mais j'ignorais qu'elle en eût fait son principal conseil.

— Après toi, mon père, après toi ; et c'est pour ne pas être troublé dans mes relations avec elles que je veux te mettre à la tête de toutes choses. Écoute donc ; il faut en ce moment que je réponde à un nouveau madrigal que mon grand et cher poète m'a envoyé... je ne puis donc te donner à cette heure tous les papiers qui sont nécessaires pour te mettre au courant de la grande question qui nous divise, Philippe II et moi. Il y a, en outre, une espèce de plan de campagne qui avait été fait par mes ministres. Je te chercherai tout cela et te le remettrai demain matin.

— A quelle heure, sire ?

— A dix heures ; et si par hasard j'étais occupé de vers, si j'étais enfermé dans mon cabinet de travail... eh bien ! tu entrerais tout de même, et tu prendrais tous les papiers que tu trouverais sur cette table, enfermés dans ce portefeuille rouge ; la couleur est éclatante, et tu ne t'y tromperas pas ; moi, je vais écrire à Ronsard.

— Adieu, sire.

— Adieu, mon père.

— Votre main?

— Que dis-tu, ma main? dans mes bras, sur mon cœur, c'est là ta place. Viens, mon vieux guerrier, viens.

Et Charles IX, attirant à lui Coligny qui s'inclinait, posa ses lèvres sur ses cheveux blancs.

L'amiral sortit en essuyant une larme.

Charles IX le suivit des yeux tant qu'il put le voir, tendit l'oreille tant qu'il put l'entendre; puis, lorsqu'il ne vit et n'entendit plus rien, il laissa, comme c'était son habitude, retomber sa tête pâle sur son épaule, et passa lentement de la chambre où il se trouvait dans son cabinet d'armes.

Ce cabinet était la demeure favorite du

roi ; c'était là qu'il prenait ses leçons d'escrime avec Pompée, et ses leçons de poésie avec Ronsard. Il y avait réuni une grande collection d'armes offensives et défensives des plus belles qu'il avait pu trouver. Aussi toutes les murailles étaient-elles tapissées de haches, de boucliers, de piques, de hallebardes, de pistolets et de mousquetons, et le jour même un célèbre armurier lui avait apporté une magnifique arquebuse sur le canon de laquelle étaient incrustés en argent ces quatre vers que le poète royal avait composés lui-même.

> Pour maintenir la foy,
> Je suis belle et fidèle ;
> Aux ennemis du roy,
> Je suis belle et cruelle.

Charles IX entra donc, comme nous l'avons dit, dans ce cabinet, et, après avoir fermé la porte principale par laquelle il était entré, il alla soulever une tapisserie qui masquait un passage donnant sur une chambre où une femme agenouillée devant un prie-Dieu disait ses prières.

Comme ce mouvement s'était fait avec lenteur et que les pas du roi, assourdis par le tapis, n'avaient pas eu plus de retentissement que ceux d'un fantôme, la femme agenouillée, n'ayant rien entendu, ne se retourna point et continua de prier. Charles demeura un instant debout, pensif et la regardant.

C'était une femme de trente-quatre à trente-cinq ans, dont la beauté vigoureuse était relevée par le costume des paysannes des environs de Caux. Elle portait le haut bonnet qui avait été si fort à la mode à la cour de France pendant le règne d'Isabeau de Bavière, et son corsage rouge était tout brodé d'or, comme le sont aujourd'hui les corsages des contadines de Nettuno et de Sora. L'appartement qu'elle occupait depuis tantôt vingt ans était contigu à la chambre à coucher du roi, et offrait un singulier mélange d'élégance et de rusticité. C'est qu'en proportion à peu près égale, le palais avait déteint sur la chaumière, et la chaumière sur le palais. De sorte que cette chambre tenait un milieu entre la simplicité de la villageoise et le luxe de la grande dame. En effet, le prie-Dieu sur lequel elle était agenouillée était de bois de chêne merveilleusement sculpté, recouvert de velours à crépines d'or; tandis que la bible, car cette femme était de la religion réformée, tandis que la bible dans laquelle elle lisait ses prières était un de ces vieux livres à moitié déchirés, comme on en trouve dans les plus pauvres maisons.

Or, tout était à l'avenant de ce prie-Dieu et de cette bible.

— Eh! Madelon! dit le roi.

La femme agenouillée releva la tête en souriant, à cette voix familière; puis se levant :

— Ah! c'est toi, mon fils! dit-elle.

— Oui, nourrice; viens ici.

Charles IX laissa retomber la portière et alla s'asseoir sur le bras d'un fauteuil. La nourrice parut.

— Que me veux-tu, Charlot? dit-elle.

— Viens ici et réponds tout bas.

La nourrice s'approcha avec une familiarité qui pouvait venir de cette tendresse maternelle que la femme conçoit pour l'enfant qu'elle a allaité, mais à laquell les pamphlets du temps donnent une source infiniment moins pure.

— Me voilà, dit-elle, parle.

— L'homme que j'ai fait demander est-il là ?

— Depuis une demi-heure.

Charles se leva, s'approcha de la fenêtre, regarda si personne n'était aux aguets, s'approcha de la porte, tendit l'oreille pour s'assurer que personne n'était aux écoutes, secoua la poussière de ses trophées d'armes, caressa un grand lévrier qui le suivait pas à pas, s'arrêtant quand son maître s'arrêtait, reprenant sa marche quand son maître se remettait en mouvement ; puis, revenant à sa nourrice :

— C'est bon, nourrice ; fais-le entrer.

La bonne femme sortit par le même passage qui lui avait donné entrée, tandis que le roi allait s'appuyer à une table sur laquelle étaient posées des armes de toute espèce.

— Il y était à peine, que la portière se souleva de nouveau, et donna passage à celui qu'il attendait.

C'était un homme de quarante ans à peu près, à l'œil gris et faux, au nez recourbé en bec de chat-huant, au facies élargi par des pommettes saillantes ; son visage essaya d'exprimer le respect et ne put fournir qu'un sourire hypocrite sur ses lèvres blémies par la peur.

Charles allongea doucement derrière lui une main qui se porta sur un pommeau de pistolet de nouvelle invention, et qui partait à l'aide d'une pierre mise en contact avec une roue d'acier, au lieu de partir à l'aide d'une mèche, et regarda de son œil terne le nouveau personnage que nous venons de mettre en scène; pendant cet examen il sifflait avec une justesse et même avec une mélodie remarquable un de ses airs de chasse favoris.

Après quelques secondes pendant lesquelles le visage de l'étranger se décomposa de plus en plus :

— C'est bien vous, dit le roi, que l'on nomme François de Louviers-Maurevel?

— Oui, sire.

— Commandant de pétardiers?

— Oui, Sire.

— J'ai voulu vous voir.

Maurevel s'inclina.

— Vous savez, continua Charles en appuyant sur chaque mot, que j'aime également tous mes sujets.

— Je sais, balbutia Maurevel, que Votre Majesté est le père de son peuple.

— Et que huguenots et catholiques sont également mes enfants?

Maurevel resta muet; seulement, le tremblement qui agitait son corps devint visible au regard perçant du roi, quoique celui auquel il adressait la parole fût presque caché dans l'ombre.

— Cela vous contrarie, continua le roi, vous qui avez fait une si rude guerre aux huguenots?

Maurevel tomba à genoux.

— Sire, balbutia-t-il, croyez bien...

— Je crois, continua Charles IX en arrêtant de plus en plus sur Maurevel un regard qui, de vitreux qu'il était d'abord, devenait presque flamboyant; je crois que vous aviez bien envie de tuer à Moncontour M. l'amiral qui sort d'ici; je crois que vous avez manqué votre coup, et qu'alors vous êtes passé dans l'armée du duc d'Anjou, notre frère; enfin, je crois qu'alors vous êtes passé une seconde fois chez les princes, et que vous y avez pris du service dans la compagnie de M. de Mouy de Saint-Phale...

— Oh! sire!

— Un brave gentilhomme picard?

— Sire, sire, s'écria Maurevel, ne m'accablez pas!

— C'était un digne officier, continua Charles IX, — et au fur et à mesure qu'il parlait une expression de cruauté presque féroce se peignait sur son visage, — lequel vous accueillit comme un fils, vous logea, vous habilla, vous nourrit.

Maurevel laissa échapper un soupir de désespoir.

— Vous l'appeliez votre père, je crois, continua impitoyablement le roi, et une tendre amitié vous liait au jeune de Mouy son fils?

Maurevel, toujours à genoux, se courbait de plus en plus écrasé sous la parole de Charles IX debout, impassible et pareil à une statue dont les lèvres seules eussent été douées de vie.

— A propos, continua le roi, n'était-ce pas dix mille écus que vous deviez toucher de M. de Guise au cas où vous tueriez l'amiral?

L'assassin, consterné, frappait le parquet de son front.

— Quant au sieur de Mouy, votre bon père, un jour vous l'escortiez dans une reconnaissance qu'il poussait vers Chevreux. Il laissa tomber son fouet et mit pied à terre pour le ramasser. Vous étiez seul avec lui, alors vous prîtes un pistolet dans vos fontes, et, tandis qu'il se penchait, vous lui brisâtes les reins ; puis le voyant mort, car vous le tuâtes du coup, vous prîtes la fuite sur le cheval qu'il vous avait donné. Voilà l'histoire, je crois?

Et comme Maurevel demeurait muet sous cette accusation, dont chaque détail était vrai, Charles IX se remit à siffler avec la même justesse et la même mélodie le même air de chasse.

— Or çà, maître assassin, dit-il au bout d'un instant, savez-vous que j'ai grande envie de vous faire pendre!

— O majesté ! s'écria Maurevel.

— Le jeune de Mouy m'en suppliait

encore hier, et en vérité je ne savais que lui répondre, car sa demande est fort juste.

Maurevel joignit les mains.

— D'autant plus juste, que, comme vous le disiez, je suis le père de mon peuple, et que, comme je vous répondais, maintenant que me voilà raccommodé avec les huguenots, ils sont tout aussi bien mes enfants que les catholiques.

— Sire, dit Maurevel complétement découragé, ma vie est entre vos mains, faites-en ce que vous voudrez.

— Vous avez raison, et je n'en donnerais pas une obole.

— Mais, sire, demanda l'assassin, n'y a-t-il donc pas un moyen de racheter mon crime?

— Je n'en connais guère. — Toutefois, si j'étais à votre place, ce qui n'est pas, Dieu merci!...

— Eh bien, sire! — si vous étiez à ma place, murmura Maurevel, le regard suspendu aux lèvres de Charles...

— Je crois que je me tirerais d'affaire, continua le roi.

Maurevel se releva sur un genou et sur une main en fixant ses yeux sur Charles pour s'assurer qu'il ne raillait pas.

— J'aime beaucoup le jeune de Mouy sans doute, continua le roi, mais j'aime beaucoup aussi mon cousin de Guise; et si lui me demandait la vie d'un homme dont l'autre me demanderait la mort, j'avoue que je serais fort embarrassé. Cependant, en bonne politique comme en bonne religion, je devrais faire ce que me demanderait mon cousin de Guise, car de Mouy, tout vaillant capitaine qu'il est, est bien petit compagnon comparé à un prince de Lorraine.

Pendant ces paroles, Maurevel se redressait lentement et comme un homme qui revient à la vie.

— Or, l'important pour vous serait donc dans la situation extrême où vous êtes de gagner la faveur de mon cousin de Guise; et à ce propos je me rappelle une chose qu'il me contait hier.

Maurevel se rapprocha d'un pas.

— Figurez-vous, sire, me disait-il, que tous les matins, à dix heures, passe dans la rue Saint-Germain-l'Auxerrois, revenant du Louvre, mon ennemi mortel; je le vois d'une fenêtre grillée du rez-de-chaussée; c'est la fenêtre du logis de mon ancien précepteur, le chanoine Pierre Pile. Je vois donc passer tous les jours mon ennemi, et tous les jours je prie le diable de l'abîmer dans les entrailles de la terre. Dites donc, maître Maurevel, continua Charles, si vous étiez le diable, ou si du moins pour un instant vous preniez sa place, cela ferait peut-être plaisir à mon cousin de Guise?

Maurevel retrouva son infernal sourire, et ses lèvres, pâles encore d'effroi, laissèrent tomber ces mots :

— Mais, sire, je n'ai pas le pouvoir d'ouvrir la terre, moi.

— Vous l'avez ouverte, cependant, s'il m'en souvient bien, au brave de Mouy. Après cela, vous me direz que c'était avec un pistolet... Ne l'avez-vous plus, ce pistolet?

— Pardonnez, sire, reprit le brigand à

peu près rassuré, mais je tire mieux encore l'arquebuse que le pistolet.

— Oh! fit Charles IX, pistolet ou arquebuse, peu importe, et mon cousin de Guise, j'en suis sûr, ne chicanera pas sur le choix du moyen!

— Mais, dit Maurevel, il me faudrait une arme sur la justesse de laquelle je pusse compter, car peut-être me faudra-t-il tirer de loin.

— J'ai dix arquebuses dans cette chambre, reprit Charles IX, avec lesquelles je touche un écu d'or à cent cinquante pas; voulez-vous en essayer une?

— Oh, sire! avec la plus grande joie, s'écria Maurevel en s'avançant vers celle qui était déposée dans un coin, et qu'on avait apportée le jour même à Charles IX.

— Non, pas celle-là, dit le roi, pas celle-là,

je la réserve pour moi-même. J'aurai un de ces jours une grande chasse où j'espère qu'elle me servira. Mais toute autre à votre choix.

Maurevel détacha une arquebuse d'un trophée.

— Maintenant, cet ennemi, sire, quel est-il? demanda l'assassin.

— Est-ce que je sais cela, moi! répondit Charles IX en écrasant le misérable de son regard dédaigneux.

— Je le demanderai donc à M. de Guise, balbutia Maurevel.

Le roi haussa les épaules.

— Ne demandez rien, dit-il, M. de Guise ne répondrait pas. Est-ce qu'on répond à ces choses-là ! C'est à ceux qui ne veulent pas être pendus à deviner.

— Mais enfin à quoi le reconnaîtrai-je?

— Je vous ai dit que tous les matins à dix heures il passait devant la fenêtre du chanoine.

— Mais beaucoup passent devant cette fenêtre. Que Votre Majesté daigne seulement m'indiquer un signe quelconque.

— Oh ! c'est bien facile. Demain, par exemple, il tiendra sous son bras un portefeuille de maroquin rouge.

— Sire, il suffit.

— Vous avez toujours ce cheval que vous a donné M. de Mouy, et qui court si bien?

— Sire, j'ai un barbe des plus vites.

— Oh, je ne suis pas en peine de vous! seulement il est bon que vous sachiez que le cloître a une porte de derrière.

— Merci, sire. — Maintenant priez Dieu pour moi.

— Eh, mille démons! priez le diable bien plutôt; car ce n'est que par sa protection que vous pouvez éviter la corde.

— Adieu, sire.

— Adieu. — Ah! à propos, monsieur de Maurevel, vous savez que si d'une façon quelconque on entend parler de vous demain avant dix heures du matin, ou si l'on n'en entend pas parler après, il y a une oubliette au Louvre.

Et Charles IX se remit à siffler tranquillement et plus juste que jamais son air favori.

CHAPITRE IV.

LA SOIRÉE DU 24 AOUT 1572.

Notre lecteur n'a pas oublié que dans le chapitre précédent il a été question d'un gentilhomme nommé de La Mole, attendu avec quelque impatience par Henri de Navarre. Ce jeune gentilhomme, comme l'avait annoncé l'amiral, entrait à Paris par la porte Saint-Marcel vers la fin de la journée du 24 août 1572, et jetant un regard assez dédaigneux sur les nombreuses hôtelleries qui étalaient à sa droite et à sa gauche leurs pittoresques enseignes, laissa pénétrer son cheval tout fumant jusqu'au cœur de la ville, où, après avoir traversé la place Maubert, le Petit-Pont, le pont Notre-Dame, et longé les quais, il s'arrêta au bout de la rue de Bresec, dont nous avons fait depuis la rue de l'Arbre-Sec, et à laquelle, pour la plus grande facilité de nos lecteurs, nous conserverons son nom moderne.

Le nom lui plut sans doute, car il y entra, et comme à sa gauche une magnifique plaque de tôle grinçant sur sa tringle, avec accompagnement de sonnettes, appelait son attention, il fit une seconde halte pour lire ces mots : *A la Belle Étoile,* écrits en légende sous une peinture qui représentait le simulacre le plus flatteur pour un voyageur affamé : c'était une volaille rôtissant au milieu d'un ciel noir, tandis qu'un homme à manteau rouge tendait vers cet astre d'une nouvelle espèce ses bras, sa bourse et ses vœux.

— Voilà, se dit le gentilhomme, une auberge qui s'annonce bien, et l'hôte qui la tient doit être, sur mon âme, un ingénieux compère. J'ai toujours entendu dire que la rue de l'Arbre-Sec était dans le quartier du Louvre; et pour peu que l'établissement réponde à l'enseigne, je serai à merveille ici.

Pendant que le nouveau venu se débitait à lui-même ce monologue, un autre cavalier, entré par l'autre bout de la rue, c'est-à-dire par la rue Saint-Honoré, s'arrêtait et demeurait aussi en extase devant l'enseigne de la *Belle-Étoile*.

Celui des deux que nous connaissons, de nom du moins, montait un cheval blanc, de race espagnole, et était vêtu d'un pourpoint noir, garni de jais. Son manteau était de velours violet foncé : il portait des bottes de cuir noir, une épée à poignée de fer ciselée, et un poignard pareil. Maintenant, si nous passons de son costume à son visage, nous dirons que c'était un homme de 24 à 25 ans, au teint basané, aux yeux bleus, à la fine moustache, aux dents éclatantes, qui semblaient éclairer sa figure lorsque s'ouvrait pour sourire, d'un sourire doux et mélancolique, une bouche d'une forme exquise et de la plus parfaite distinction.

Quant au second voyageur, il formait avec le premier venu un contraste complet. Sous son chapeau, à bords retroussés, apparaissaient, riches et crépus, des cheveux plutôt roux que blonds. Sous ces cheveux, un œil gris brillait à la moindre contrariété d'un feu si resplendissant, qu'on eût dit alors un œil noir. Le reste du visage se composait d'un teint rosé, d'une lèvre mince, surmontée d'une moustache fauve, et de dents admirables. C'était en somme, avec sa peau blanche, sa haute taille et ses larges épaules, un fort beau cavalier dans l'acception ordinaire du mot, et depuis une heure qu'il levait le nez vers toutes les fenêtres, sous le prétexte d'y chercher des enseignes, les femmes l'avaient fort regardé; quant aux hommes, qui avaient peut-être éprouvé quelque envie de rire en voyant son manteau étriqué, ses chausses collantes et ses bottes d'une forme antique, ils avaient achevé ce rire commencé par un *Dieu vous garde!* des plus gracieux, à l'examen de cette physionomie qui prenait en une minute dix expressions différentes, sauf toutefois l'expression bienveillante qui caractérise toujours la figure du provincial embarrassé.

Ce fut lui qui s'adressa le premier à l'autre gentilhomme, qui, ainsi que nous l'avons dit, regardait l'hôtellerie de la Belle-Étoile.

— Mordi, monsieur, dit-il avec cet horrible accent de la montagne qui ferait au premier mot reconnaître un Piémontais entre cent étrangers, ne sommes-nous pas ici près du Louvre? En tout cas, je crois que vous avez eu même goût que moi; c'est flatteur pour ma seigneurie.

— Monsieur, répondit l'autre avec un accent provençal qui ne le cédait en rien à l'accent piémontais de son compagnon, je crois en effet que cette hôtellerie est près du Louvre. Cependant, je me demande encore si j'aurai l'honneur d'avoir été de votre avis. Je me consulte.

— Vous n'êtes pas décidé, monsieur! la maison est flatteuse, pourtant. Après cela, peut-être me suis-je laissé tenter par votre présence. Avouez néanmoins que voilà une jolie peinture?

— Oh! sans doute; mais c'est justement ce qui me fait douter de la réalité : Paris est plein de pipeurs, m'a-t-on dit, et l'on pipe avec une enseigne aussi bien qu'avec autre chose.

— Mordi, monsieur, reprit le Piémontais, je ne m'inquiète pas de la piperie, moi, et si l'hôte me fournit une volaille moins bien rôtie que celle de son enseigne je le mets à la broche lui-même et je ne le quitte pas qu'il ne soit convenablement rissolé. Entrons, monsieur.

— Vous achevez de me décider, dit le Provençal en riant, montrez-moi donc le chemin, monsieur, je vous prie.

— Oh! monsieur, sur mon âme, je n'en ferai rien, car je ne suis que votre humble serviteur, le comte Annibal de Coconnas.

— Et moi, monsieur, je ne suis que le comte Joseph - Hyacinthe - Boniface de Lerac de La Mole, tout à votre service.

— En ce cas, monsieur, prenons-nous par le bras, et entrons ensemble.

Le résultat de cette proposition concilia-trice fut que les deux jeunes gens qui descendirent de leurs chevaux en jetèrent la bride aux mains d'un palefrenier, se prirent par le bras et, ajustant leurs épées, se dirigèrent vers la porte de l'hôtellerie, sur le seuil de laquelle se tenait l'hôte. Mais, contre l'habitude de ces sortes de gens, le digne propriétaire n'avait paru faire aucune attention à eux, occupé qu'il était de conférer très-attentivement avec un grand gaillard sec et jaune enfoui dans un manteau couleur d'amadou, comme un hibou sous ses plumes.

Les deux gentilshommes étaient arrivés si près de l'hôte et de l'homme au manteau amadou avec lequel il causait, que Coconnas, impatienté de ce peu d'importance qu'on accordait à lui et à son compagnon, tira la manche de l'hôte. Celui-ci parut alors se réveiller en sursaut, et congédia son interlocuteur par un — au revoir. — Venez tantôt et surtout tenez-moi au courant de l'heure.

— Eh! monsieur le drôle! dit Coconnas, ne voyez-vous pas que l'on a affaire à vous!

— Ah! pardon, messieurs, dit l'hôte, je ne vous voyais pas.

— Et mordi, il fallait nous voir; et maintenant que vous nous avez vus, au lieu de dire monsieur tout court, dites monsieur le comte, s'il vous plaît.

La Mole se tenait derrière, laissant parler Coconnas, qui paraissait avoir pris l'affaire à son compte. Cependant, il était facile de voir à ses sourcils froncés qu'il était prêt à lui venir en aide quand le moment d'agir serait arrivé.

— Eh bien! que désirez-vous, monsieur le comte? demanda l'hôte du ton le plus calme.

— Bien... c'est déjà mieux, n'est-ce pas?

dit Coconnas en se retournant vers La Mole qui fit de la tête un signe affirmatif. Nous désirons, monsieur le comte et moi, attirés que nous sommes par votre enseigne, trouver à souper et à coucher dans votre hôtellerie.

— Messieurs, dit l'hôte, je suis au désespoir ; mais il n'y a qu'une chambre, et je crains que cela ne puisse vous convenir.

— Eh bien ! ma foi, tant mieux, dit La Mole, nous irons loger ailleurs.

— Ah ! mais non, mais non, dit Coconnas. Je demeure, moi ; mon cheval est harassé. Je prends donc la chambre, puisque vous n'en voulez pas.

— Ah ! ceci est autre chose, répondit l'hôte conservant toujours le même flegme impertinent. Si vous n'êtes qu'un, je ne puis pas vous loger du tout.

— Mordi! s'écria Coconnas, voici, sur ma foi! un plaisant animal; tout à l'heure nous étions trop de deux, maintenant nous ne sommes pas assez d'un! Tu ne veux donc pas nous loger, drôle?

— Ma foi! messieurs, puisque vous le prenez sur ce ton, je vous répondrai avec franchise.

— Réponds alors, mais réponds vite.

— Eh bien! j'aime mieux ne pas avoir l'honneur de vous loger.

— Parce que? demanda Coconnas blémissant de colère.

— Parce que vous n'avez pas de laquais, et que, pour une chambre de maître pleine, cela me ferait deux chambres de laquais vides. Or, si je vous donne la chambre de maître, je risque fort de ne pas louer les autres.

— Monsieur de La Mole, dit Coconnas en se retournant, ne vous semble-t-il pas comme à moi que nous allons massacrer ce gaillard-là ?

— Mais c'est faisable, dit La Mole en se préparant, comme son compagnon, à rouer l'hôtelier de coups de fouet.

Mais, malgré cette double démonstration, qui n'avait rien de bien rassurant de la part de deux gentilshommes qui paraissaient si déterminés, l'hôtelier ne s'étonna point, et se contentant de reculer d'un pas, afin d'être chez lui :

— On voit, dit-il en goguenardant, que ces messieurs arrivent de province. A Paris, la mode est passée de massacrer les aubergistes qui refusent de louer leurs chambres. Ce sont les grands seigneurs qu'on massacre et non les bourgeois ; et si vous criez trop fort, je vais appeler mes voisins, de sorte que ce sera vous qui serez roués de coups, traitement tout à fait indigne de deux gentilshommes.

— Mais il se moque de nous, s'écria Coconnas exaspéré, mordi!

— Grégoire, mon arquebuse, dit l'hôte en s'adressant à son valet, du même ton qu'il eût dit: Un siége à ces messieurs.

— Trippe del papa! hurla Coconnas en tirant son épée, mais échauffez-vous donc, monsieur de La Mole.

— Non pas, s'il vous plaît, non pas, car tandis que nous nous échaufferons, le souper refroidira, lui.

— Comment, vous trouvez?... s'écria Coconnas.

— Je trouve que M. de la Belle-Etoile a raison, seulement il sait mal prendre ses voyageurs, surtout quand ces voyageurs sont des gentilshommes. Au lieu de nous dire brutalement : Messieurs, je ne veux pas de vous; il aurait mieux fait de nous dire avec politesse : Entrez, messieurs; quitte à mettre sur son mémoire : *chambre de maître, tant; chambre de laquais, tant;* attendu que si nous n'avons pas de laquais nous comptons en prendre.

Et ce disant, La Mole écarta doucement l'hôtelier, qui étendait déjà la main vers son arquebuse, fit passer Coconnas et entra derrière lui dans la maison.

— N'importe, dit Coconnas, j'ai bien de la peine à remettre mon épée dans le fourreau avant de m'être assuré qu'elle pique aussi bien que les lardoires de ce gaillard-là.

— Patience, mon cher compagnon, dit

La Mole, patience ! Toutes les auberges sont pleines de gentilshommes attirés à Paris pour les fêtes du mariage ou pour la guerre prochaine de Flandre, nous ne trouverions plus d'autre logis ; et puis, c'est peut-être la coutume à Paris de recevoir ainsi les étrangers qui y arrivent.

— Mordi ! comme vous êtes patient, murmura Coconnas en tortillant de rage sa moustache rouge et en foudroyant l'hôte de ses regards. Mais que le coquin prenne garde à lui, si sa cuisine est mauvaise, si son lit est dur, si son vin n'a pas trois ans de bouteille, si son valet n'est pas souple comme un jonc...

— Là, là, là, mon gentilhomme, fit l'hôte en aiguisant sur un repassoir le couteau de sa ceinture ; là, tranquillisez-vous, vous êtes en pays de Cocagne.

Puis tout bas et en secouant la tête :

— C'est quelque huguenot, murmura-t-il ; les traîtres sont si insolents depuis le mariage de leur Béarnais avec mademoiselle Margot ! Puis, avec un sourire qui eût fait frissonner ses hôtes s'ils l'avaient vu, il ajouta :

— Eh ! eh ! ce serait drôle qu'il me fût justement tombé des huguenots ici... et que...

— Çà ! souperons-nous ? demanda aigrement Coconnas interrompant les à-parté de son hôte.

— Mais, comme il vous plaira, monsieur, répondit celui-ci, radouci sans doute par la dernière pensée qui lui était venue.

— Eh bien ! il nous plaît, et promptement, répondit Coconnas.

— Puis se retournant vers La Mole :

— Çà, monsieur le comte, dit-il, tandis que l'on nous prépare notre chambre, dites-moi : est-ce que par hasard vous avez trouvé Paris une ville gaie, vous ?

— Ma foi, non, dit La Mole; il me semble n'y avoir vu encore que des visages effarouchés ou rébarbatifs. Peut-être aussi les Parisiens ont-ils peur de l'orage. Voyez comme le ciel est noir et comme l'air est lourd.

— Dites-moi, comte, vous cherchez le Louvre, n'est-ce pas ?

— Et vous aussi, je crois, monsieur de Coconnas.

— Eh bien ! si vous voulez, nous le chercherons ensemble.

— Hein ! fit La Mole, n'est-il pas un peu tard pour sortir ?

— Tard ou non, il faut que je sorte. — Mes ordres sont précis. — Arriver au plus vite à Paris, et, aussitôt arrivé, communiquer avec le duc de Guise.

A ce nom du duc de Guise, l'hôte s'approcha fort attentif.

— Il me semble que ce maraud nous écoute, dit Coconnas, qui, en sa qualité de Piémontais, était fort rancunier et qui ne pouvait passer au maître de la Belle-Etoile la façon peu civile dont il recevait ses voyageurs.

— Oui, messieurs, je vous écoute, dit celui-ci en mettant la main à son bonnet, mais pour vous servir. J'entends parler du grand duc de Guise, et j'accours. A quoi puis-je vous être bon, mes gentilshommes ?

— Ah! ah! ce nom est magique, à ce

qu'il paraît, car d'insolent te voilà devenu obséquieux. Mordi, maître, maître, comment t'appelles-tu ?

— Maître La Hurière, répondit l'hôte en s'inclinant.

— Eh bien, maître La Hurière, crois-tu que mon bras soit moins lourd que celui de monsieur le duc de Guise, qui a le privilége de te rendre si poli ?

— Non, monsieur le comte, mais il est moins long, répliqua La Hurière. D'ailleurs, ajouta-t-il, il faut vous dire que ce grand Henri est notre idole, à nous autres Parisiens.

— Quel Henri ? demanda La Mole.

— Il me semble qu'il n'y en a qu'un, dit l'aubergiste.

— Pardon, mon ami, il y en a encore

un autre dont je vous invite à ne pas dire de mal ; c'est Henri de Navarre, sans compter Henri de Condé, qui a bien aussi son mérite.

— Ceux-là, je ne les connais pas, répondit l'hôte.

— Oui, mais moi, je les connais, dit La Mole, et comme je suis adressé au roi Henri de Navarre, je vous invite à n'en pas médire devant moi.

L'hôte, sans répondre à M. de La Mole, se contenta de toucher légèrement à son bonnet, et continuant de faire les doux yeux à Coconnas :

— Ainsi, monsieur va parler au grand duc de Guise ? monsieur est un gentilhomme bien heureux ; et sans doute qu'il vient pour ?...

— Pourquoi ? demanda Coconnas.

— Pour la fête, répondit l'hôte avec un singulier sourire.

— Vous devriez dire pour les fêtes ; car Paris en regorge, de fêtes, à ce que j'ai entendu dire ; du moins on ne parle que de bals, de festins, de carrousels. Ne s'amuse-t-on pas beaucoup à Paris, hein?

— Mais modérément, monsieur, jusqu'à présent du moins, répondit l'hôte ; mais on va s'amuser, je l'espère.

— Les noces de Sa Majesté le roi de Navarre attirent cependant beaucoup de monde en cette ville, dit La Mole.

— Beaucoup de huguenots, oui, monsieur, répondit brusquement La Hurière ; puis, se reprenant : Ah! pardon, dit-il, ces messieurs sont peut-être de la religion?

— Moi, de la religion! s'écria Coconnas ;

allons donc, je suis catholique comme notre Saint-Père le pape.

La Hurière se retourna vers La Mole comme pour l'interroger; mais ou La Mole ne comprit pas son regard, ou il ne jugea point à propos d'y répondre autrement que par une autre question.

— Si vous ne connaissez point Sa Majesté le roi de Navarre, maître La Hurière, dit-il, peut-être connaissez-vous M. l'amiral. J'ai entendu dire que M. l'amiral jouissait de quelque faveur à la cour; et comme je lui étais recommandé, je désirerais, si son adresse ne vous écorche pas la bouche, savoir où il loge.

— *Il logeait* rue de Béthisy, monsieur, ici à droite, répondit l'hôte avec une satisfaction intérieure qui ne put s'empêcher de devenir extérieure.

— Comment, il logeait? demanda La Mole ; est-il donc déménagé?

— Oui, de ce monde peut-être.

—Qu'est-ce à dire? s'écrièrent ensemble les deux gentilshommes, l'amiral déménagé de ce monde!

— Quoi! monsieur de Coconnas, poursuivit l'hôte avec un malin sourire, vous êtes de ceux de Guise, et vous ignorez cela!

— Quoi, cela?

— Qu'avant-hier, en passant sur la place Saint-Germain-l'Auxerrois, devant la maison du chanoine Pierre Piles, l'amiral a reçu un coup d'arquebuse?

— Et il est tué? s'écria La Mole.

— Non, le coup lui a seulement cassé le bras et coupé deux doigts, mais on espère que les balles étaient empoisonnées.

— Comment, misérable! s'écria La Mole, on espère!...

— Je veux dire qu'on croit, reprit l'hôte; ne nous fâchons pas pour un mot: la langue m'a fourché.

Et maître La Hurière, tournant le dos à La Mole, tira la langue à Coconnas de la façon la plus goguenarde, accompagnant ce geste d'un coup d'œil d'intelligence.

— En vérité! dit Coconnas rayonnant.

— En vérité! murmura La Mole avec une stupéfaction douloureuse.

— C'est comme j'ai l'honneur de vous le dire, messieurs, répondit l'hôte.

— En ce cas, dit La Mole, je vais au Louvre sans perdre un moment. Y trouverai-je le roi Henri?

— C'est possible, puisqu'il y loge.

— Et moi aussi je vais au Louvre, dit

Coconnas. Y trouverai-je le duc de Guise?

— C'est probable, car je viens de le voir passer il n'y a qu'un instant, avec deux cents gentilshommes.

— Alors venez, monsieur de Coconnas, dit La Mole.

— Je vous suis, monsieur, dit Coconnas.

— Mais votre souper, mes gentilshommes? demanda maître La Hurière.

— Ah! dit La Mole, je souperai peut-être chez le roi de Navarre.

— Et moi, chez le duc de Guise, dit Coconnas.

— Et moi, dit l'hôte, après avoir suivi des yeux les deux gentilshommes qui prenaient le chemin du Louvre, moi, je vais fourbir ma salade, emmécher mon arquebuse et affiler ma pertuisane. On ne sait pas ce qui peut arriver.

CHAPITRE V.

DU LOUVRE EN PARTICULIER
ET DE LA VERTU EN GÉNÉRAL.

Les deux gentilshommes, renseignés par la première personne qu'ils rencontrèrent, prirent la rue d'Averon, la rue Saint-Germain-l'Auxerrois, et se trouvèrent bientôt devant le Louvre, dont les tours commençaient à se confondre dans les premières ombres du soir.

— Qu'avez-vous donc? demanda Coconnas à La Mole, qui, arrêté à la vue du vieux château, regardait avec un certain respect ces ponts-levis, ces fenêtres étroites et ces clochetons aigus qui se présentaient tout à coup à ses yeux.

— Ma foi, je n'en sais rien, dit La Mole, le cœur me bat. Je ne suis cependant pas timide outre mesure; mais je ne sais pourquoi ce palais me paraît sombre, et, dirai-je? terrible.

— Eh bien! moi, dit Coconnas, je ne sais ce qui m'arrive, mais je suis d'une allégresse rare. La tenue est pourtant quelque peu négligée, continua-t-il en parcourant des yeux son costume de voyage. Mais bah! l'on a l'air cavalier. Puis mes ordres me recommandaient la promptitude. Je serai donc le bienvenu, puisque j'aurai ponctuellement obéi.

Et les deux jeunes gens continuèrent leur chemin, agités chacun des sentiments qu'ils avaient exprimés.

Il y avait bonne garde au Louvre; tous les postes semblaient doublés. Nos deux voyageurs furent donc d'abord assez embarrassés. Mais Coconnas, qui avait remarqué que le nom du duc de Guise était une espèce de talisman près des Parisiens, s'approcha d'une sentinelle, et, se réclamant de ce nom tout-puissant, demanda si, grâce à lui, il ne pourrait point pénétrer dans le Louvre.

Ce nom paraissait faire sur le soldat son effet ordinaire; cependant il demanda à Coconnas s'il n'avait point le mot d'ordre.

Coconnas fut forcé d'avouer qu'il ne l'avait point.

— Alors, au large, mon gentilhomme, dit le soldat.

En ce moment, un homme qui causait avec l'officier du poste, et qui tout en causant avait entendu Coconnas réclamer son admission au Louvre, interrompit son entretien, et venant à lui :

— Goi fouloir, fous, à monsir di Gouise? dit-il.

— Moi vouloir lui parler, répondit Coconnas en souriant.

— Imbossible! le dugue il être chez le roi.

— Cependant j'ai une lettre d'avis pour me rendre à Paris.

— Ah! fous afre eine lettre d'afis?

— Oui, et j'arrive de fort loin.

— Ah! fous arrife de fort loin?

— J'arrive du Piémont.

— Pien! pien! C'est autre chose. Et fous fous abbellez?

— Le comte Annibal de Coconnas.

— Pon! pon! Tonnez la lettre, monsir Annipal, tonnez.

— Voici, sur ma parole, un bien galant homme, dit de La Mole se parlant à lui-même; ne pourrai-je point trouver le pareil pour me conduire chez le roi de Navarre?

— Mais tonnez donc la lettre, continua le gentilhomme allemand en étendant la main vers Coconnas qui hésitait.

— Mordi! reprit le Piémontais défiant comme un demi-Italien, je ne sais si je dois... Je n'ai pas l'honneur de vous connaître, moi, monsieur.

— Je suis Pesme; j'abbartiens à M. le dugue de Gouise.

— Pesme, murmura Coconnas; je ne connais pas ce nom-là.

— C'est monsieur de Besme, mon gentilhomme, dit la sentinelle. La prononciation vous trompe, voilà tout. Donnez votre lettre à monsieur, allez, j'en réponds.

— Ah! monsieur de Besme, s'écria Coconnas, je le crois bien, si je vous connais!.. comment donc! avec le plus grand plaisir. Voici ma lettre. Excusez mon hésitation. Mais on doit hésiter quand on veut être fidèle.

— Pien, pien, dit de Besme, il n'y avre bas pesoin d'exguse.

— Ma foi, monsieur, dit La Mole en s'approchant à son tour, puisque vous êtes si obligeant, voudriez-vous vous charger de ma lettre comme vous venez de faire de celle de mon compagnon?

— Gomment vous abbellez-fous?

— Le comte Lerac de La Mole.

— Le gonte Lerag de La Môle?

— Oui.

— Che ne gonnais pas.

— Il est tout simple que je n'aie pas l'honneur d'être connu de vous, monsieur, je suis étranger, et, comme le comte de Coconnas, j'arrive ce soir de bien loin.

— Et t'où arrifez-fous?

— De Provence.

— Avec eine lettre auzi?

— Oui, avec une lettre.

— Pour monsir de Gouize?

— Non, pour Sa Majesté le roi de Navarre.

— Che ne souis bas au roi de Navarre, monsir, répondit de Besme avec un froid subit, che ne puis donc pas me charger de votre lettre.

Et Besme, tournant les talons à La Mole, entra dans le Louvre en faisant signe à Coconnas de le suivre.

La Mole demeura seul.

Au même moment, par la porte du Louvre parallèle à celle qui avait donné passage à Besme et à Coconnas, sortit une troupe de cavaliers d'une centaine d'hommes.

— Ah! ah! dit la sentinelle à son camarade, c'est de Mouy et ses huguenots; ils sont rayonnants. Le roi leur aura promis la mort de l'assassin de l'amiral; et comme c'est déjà lui qui a tué le père de Mouy, le fils fera d'une pierre deux coups.

— Pardon, fit La Mole s'adressant au soldat, mais n'avez-vous pas dit, mon brave, que cet officier était monsieur de Mouy?

— Oui-dà, mon gentilhomme.

— Et que ceux qui l'accompagnaient étaient....

— Etaient des parpaillots. — Je l'ai dit.

— Merci, dit La Mole, sans paraître remarquer le terme de mépris employé par la sentinelle. Voilà tout ce que je voulais savoir.

Et se dirigeant aussitôt vers le chef des cavaliers :

— Monsieur, dit-il en l'abordant, j'apprends que vous êtes monsieur de Mouy.

— Oui, monsieur, répondit l'officier avec politesse.

— Votre nom, bien connu parmi ceux

de la religion, m'enhardit à m'adresser à vous, monsieur, pour vous demander un service.

— Lequel, monsieur? — Mais, d'abord, à qui ai-je l'honneur de parler?

— Au comte Lérac de La Mole.

Les deux jeunes gens se saluèrent.

— Je vous écoute, monsieur, dit de Mouy.

— Monsieur, j'arrive d'Aix, porteur d'une lettre de monsieur d'Auriac, gouverneur de la Provence. Cette lettre est adressée au roi de Navarre et contient des nouvelles importantes et pressées. — Comment puis-je lui remettre cette lettre? Comment puis-je rentrer au Louvre?

— Rien de plus facile que d'entrer au Louvre, monsieur, répliqua de Mouy; seulement, je crains que le roi de Navarre ne soit trop occupé à cette heure pour vous recevoir. Mais n'importe, si vous voulez me suivre, je vous conduirai jusqu'à son appartement. Le reste vous regarde.

— Mille fois merci !

— Venez, monsieur, dit de Mouy.

De Mouy descendit de cheval, jeta la bride aux mains de son laquais, s'achemina vers le guichet, se fit reconnaître de la sentinelle, introduisit La Mole dans le château, et, ouvrant la porte de l'appartement du roi :

— Entrez, monsieur, dit-il, et informez-vous.

Et saluant La Mole, il se retira.

La Mole, demeuré seul, regarda autour de lui. L'antichambre était vide, une des portes intérieures était ouverte. Il fit quelques pas, et se trouva dans un couloir.

Il frappa et appela sans que personne répondît. Le plus profond silence régnait dans cette partie du Louvre.

— Qui donc me parlait, pensa-t-il, de cette étiquette si sévère? On va et on vient dans ce palais comme sur une place publique.

Et il appela encore, mais sans obtenir un meilleur résultat que la première fois.

— Allons, marchons devant nous, pensa-t-il; il faudra bien que je finisse par rencontrer quelqu'un.

Et il s'engagea dans le couloir, qui allait toujours s'assombrissant.

Tout à coup la porte opposée à celle par laquelle il était entré s'ouvrit, et deux pages parurent portant des flambeaux et éclairant une femme d'une taille imposante, d'un maintien majestueux, et surtout d'une admirable beauté.

La lumière porta en plein sur La Mole, qui demeura immobile.

La femme s'arrêta, de son côté, comme La Mole s'était arrêté du sien.

— Que voulez-vous, monsieur? demanda-t-elle au jeune homme d'une voix qui bruit à ses oreilles comme une musique délicieuse.

— Oh! madame, dit La Mole en baissant les yeux, excusez-moi, je vous prie. Je quitte M. de Mouy qui a eu l'obligeance de me conduire jusqu'ici, et je cherchais le roi de Navarre.

— Sa Majesté n'est point ici, monsieur; elle est, je crois, chez son beau-frère. Mais, en son absence, ne pourriez-vous dire à la reine ?..

— Oui, sans doute, madame, reprit La Mole, si quelqu'un daignait me conduire devant elle.

— Vous y êtes, monsieur.

— Comment! s'écria La Mole.

— Je suis la reine de Navarre, dit Marguerite.

La Mole fit un mouvement tellement brusque de stupeur et d'effroi que la reine sourit.

— Parlez vite, monsieur, dit-elle, car on m'attend chez la reine-mère.

— Oh! madame, si vous êtes si instamment attendue, permettez-moi de m'éloigner, car il me serait impossible de vous parler en ce moment. Je suis incapable de rassembler deux idées; votre vue m'a ébloui. Je ne pense plus, j'admire.

Marguerite s'avança pleine de grâce et de beauté vers ce jeune homme, qui sans le savoir venait d'agir en courtisan raffiné.

— Remettez-vous, monsieur, dit-elle. J'attendrai et l'on m'attendra.

— Oh! pardonnez-moi, madame, si je n'ai point salué d'abord Votre Majesté avec tout le respect qu'elle a le droit d'attendre d'un de ses plus humbles serviteurs, mais...

— Mais, continua Marguerite, vous m'aviez prise pour une de mes femmes.

— Non, madame, mais pour l'ombre de la belle Diane de Poitiers. On m'a dit qu'elle revenait au Louvre.

— Allons, monsieur, dit Marguerite, je ne m'inquiète plus de vous, et vous ferez fortune à la cour. Vous aviez une lettre pour le roi, dites-vous? C'était fort inutile. Mais n'importe, où est-elle ? Je la lui remettrai. — Seulement hâtez-vous, je vous prie.

En un clin d'œil La Mole écarta les aiguillettes de son pourpoint, et tira de sa poitrine une lettre enfermée dans une enveloppe de soie.

Marguerite prit la lettre et regarda l'écriture.

— N'êtes-vous pas monsieur de La Mole? dit-elle.

— Oui, madame. — Oh, mon Dieu! aurais-je le bonheur que mon nom fût connu de Votre Majesté?

— Je l'ai entendu prononcer par le roi mon mari, et par mon frère le duc d'Alençon. — Je sais que vous êtes attendu.

Et elle glissa dans son corsage tout roide

de broderies et de diamants cette lettre qui sortait du pourpoint du jeune homme, et qui était encore tiède de la chaleur de sa poitrine.

La Mole suivait avidement des yeux chaque mouvement de Marguerite.

— Maintenant, monsieur, dit-elle, descendez dans la galerie au-dessous et attendez jusqu'à ce qu'il vienne quelqu'un de la part du roi de Navarre ou du duc d'Alençon. Un de mes pages va vous conduire.

A ces mots, Marguerite continua son chemin. La Mole se rangea contre la muraille. — Mais le passage était si étroit, et le vertugadin de la reine de Navarre si large, que sa robe de soie effleura l'habit du jeune homme, tandis qu'un parfum pénétrant s'épandait là où elle avait passé.

La Mole frissonna par tout son corps, et, sentant qu'il allait tomber, chercha un appui contre le mur.

Marguerite disparut comme une vision.

— Venez-vous, monsieur? dit le page chargé de conduire La Mole dans la galerie inférieure.

— Oh! oui, oui, s'écria La Mole enivré, car comme le jeune homme lui indiquait le chemin par lequel venait de s'éloigner Marguerite, il espérait, en se hâtant, la revoir encore.

En effet, en arrivant au haut de l'escalier, il l'aperçut à l'étage inférieur; et soit hasard, soit que le bruit de ses pas fût arrivé jusqu'à elle, Marguerite ayant relevé la tête il put la voir encore une fois.

— Oh! dit-il en suivant le page, ce n'est

pas une mortelle, c'est une déesse ; et, comme dit Virgilius Maro...

> Et vera incessu patuit dea.

— Eh bien ? demanda le jeune page.
— Me voici, dit La Mole ; pardon, me voici.

Le page précéda La Mole, descendit un étage, ouvrit une première porte, puis une seconde, et s'arrêtant sur le seuil :

— Voici l'endroit où vous devez attendre, dit-il.

La Mole entra dans la galerie, dont la porte se referma derrière lui.

La galerie était vide, à l'exception d'un gentilhomme qui se promenait, et qui, de son côté, paraissait attendre.

Déjà le soir commençait à faire tomber de larges ombres du haut des voûtes, et, quoique les deux hommes fussent à peine à vingt pas l'un de l'autre, ils ne pouvaient distinguer leurs visages. La Mole s'approcha.

— Dieu me pardonne! murmura-t-il quand il ne fut plus qu'à quelques pas du second gentilhomme, c'est M. le comte de Coconnas que je retrouve ici.

Au bruit de ses pas, le Piémontais s'était déjà retourné, et le regardait avec le même étonnement qu'il en était regardé.

— Mordi! s'écria-t-il; c'est M. de La Mole, ou le diable m'emporte! Ouf! que fais-je donc là! je jure chez le roi; mais, bah! il paraît que le roi jure bien autrement encore que moi, et jusque dans les églises. Eh, mais! nous voici donc au Louvre?...

— Comme vous voyez, M. de Besme vous a introduit?

— Oui. C'est un charmant Allemand que ce M. de Besme... Et, vous qui vous a servi de guide?

— M. de Mouy... Je vous disais bien que les huguenots n'étaient pas trop mal en cour non plus... Et avez-vous rencontré M. de Guise?

— Non, pas encore... Et vous, avez-vous obtenu votre audience du roi de Navarre?

— Non; mais cela ne peut tarder. On m'a conduit ici, et l'on m'a dit d'attendre.

— Vous verrez qu'il s'agit de quelque grand souper, et que nous serons côte à côte au festin. Quel singulier hasard, en vérité ! Depuis deux heures le sort nous marie... Mais qu'avez-vous ! vous semblez préoccupé....

— Moi ! dit vivement La Mole en tressaillant, car, en effet, il demeurait toujours comme ébloui par la vision qui lui était apparue; non, mais le lieu où nous nous trouvons fait naître dans mon esprit une foule de réflexions.

— Philosophiques, n'est-ce pas! c'est comme à moi. Quand vous êtes entré, justement, toutes les recommandations de mon précepteur me revenaient à l'esprit. Monsieur le comte, connaissez-vous Plutarque ?

—Comment donc ! dit La Mole en souriant, c'est un de mes auteurs favoris.

— Eh bien, continua Coconnas gravement, ce grand homme ne me parait pas s'être abusé quand il compare les dons de la nature à des fleurs brillantes, mais éphémères, tandis qu'il regarde la vertu comme une plante balsamique d'un impérissable parfum, et d'une efficacité souveraine pour la guérison des blessures.

— Est-ce que vous savez le grec, monsieur de Coconnas? dit La Mole en regardant fixement son interlocuteur.

— Non pas; mais mon précepteur le savait, et il m'a fort recommandé, lorsque je serais à la cour, de discourir sur la vertu. Cela, dit-il, a fort bon air. Aussi, je suis cuirassé sur ce sujet. Je vous en avertis. A propos, avez-vous faim ?

— Non.

— Il me semble cependant que vous

teniez à la volaille embrochée de la Belle-Étoile ; moi, je meurs d'inanition.

— Eh bien, monsieur de Coconnas ! voici une belle occasion d'utiliser vos arguments sur la vertu et de prouver votre admiration pour Plutarque, car ce grand écrivain dit quelque part : Il est bon d'exercer l'âme à la douleur et l'estomac à la faim. — *Prepon esti ten men psuchén oduné ton dé gastéra semo askeïn.*

— Ah çà ! vous le savez donc, le grec ? s'écria Coconnas stupéfait.

— Ma foi oui ! répondit La Mole ; mon précepteur me l'a appris, à moi.

— Mordi, comte ! votre fortune est assurée en ce cas ; vous ferez des vers avec le roi Charles IX, et vous parlerez grec avec la reine Marguerite.

— Sans compter, ajouta La Mole en riant, que je pourrai encore parler gascon avec le roi de Navarre.

En ce moment, l'issue de la galerie qui aboutisssait chez le roi s'ouvrit; un pas retentit, on vit dans l'obscurité une ombre s'approcher. Cette ombre devint un corps. Ce corps était celui de M. de Besme.

Il regarda les deux jeunes gens sous le nez, afin de reconnaître le sien, et fit signe à Coconnas de le suivre.

Coconnas salua de la main La Mole.

De Besme conduisit Coconnas à l'extrémité de la galerie, ouvrit une porte et se trouva avec lui sur la première marche d'un escalier.

Arrivé là, il s'arrêta et regardant tout

autour de lui, puis en haut, puis en bas :

— Monsir de Gogonnas, dit-il, où te-meurez-fous?

— A l'auberge de la Belle-Étoile, rue de l'Arbre-Sec.

— Pon, pon! être à teux bas t'izi...— Rentez-fous fite à fotre hodel et ste nuit....

Il regarda de nouveau tout autour de lui.

— Eh bien, cette nuit? demanda Coconnas.

— Eh pien, ste nuit, refenez izi afec un groix planche à fotre jabeau. Li mot di basse, il sera *Gouise*. Chut! pouche glose.

— Mais à quelle heure dois-je venir?

— Gand fous ententrez le doguesin.

— Comment, le doguesin? demanda Coconnas.

— Foui, le doguesin : pum ! pum !...

— Ah ! le tocsin ?

— Oui, c'être cela que che tisais.

— C'est bien ! on y sera, dit Coconnas.

Et saluant de Besme, il s'éloigna en se demandant tout bas :

— Que diable veut-il donc dire, et à propos de quoi sonnera-t-on le tocsin? N'importe! je persiste dans mon opinion : c'est un charmant Tédesco que monsieur de Besme. Si j'attendais le comte de La Mole?... Ah! ma foi non ; il est probable qu'il soupera avec le roi de Navarre.

Et Coconnas se dirigea vers la rue de

l'Arbre-Sec, où l'attirait comme un aimant l'enseigne de la Belle-Étoile.

Pendant ce temps une porte de la galerie correspondant aux appartements du roi de Navarre s'ouvrit, et un page s'avança vers M. de La Mole :

— C'est bien vous qui êtes le comte de La Mole? dit-il.

— C'est moi-même.

— Où demeurez-vous?

— Rue de l'Arbre-Sec, à la Belle-Étoile.

— Bon ! c'est à la porte du Louvre. Écoutez... Sa Majesté vous fait dire qu'elle ne peut vous recevoir en ce moment; mais peut-être cette nuit vous enverra-t-elle chercher. En tout cas, si demain matin vous n'aviez pas reçu de ses nouvelles, venez au Louvre.

Mais si la sentinelle me refuse la porte?

— Ah! c'est juste... Le mot de passe est *Navarre*; dites ce mot, et toutes les portes s'ouvriront devant vous.

— Merci.

— Attendez, mon gentilhomme; j'ai ordre de vous reconduire jusqu'au guichet, de peur que vous ne vous perdiez dans le Louvre.

— A propos, et Coconnas, se dit La Mole à lui-même quand il se trouva hors du palais. Oh! il sera resté à souper avec le duc de Guise.

Mais en rentrant chez maître La Hurière, la première figure qu'aperçut notre gentilhomme fut celle de Coconnas attablé devant une gigantesque omelette au lard.

— Oh! oh! s'écria Coconnas en riant

aux éclats, il paraît que vous n'avez pas plus dîné chez le roi de Navarre que je n'ai soupé chez M. de Guise.

— Ma foi non.

— Et la faim, vous est-elle venue?

— Je crois que oui.

— Malgré Plutarque?

— Monsieur le comte, dit en riant La Mole, Plutarque dit dans un autre endroit « qu'il faut que celui qui a partage avec celui qui n'a pas. » Voulez-vous, pour l'amour de Plutarque, partager votre omelette avec moi, nous causerons de la vertu en mangeant?

— Oh! ma foi non, dit Coconnas, c'est bon quand on est au Louvre, qu'on craint d'être écouté et qu'on a l'estomac vide. Mettez-vous là et soupons.

—Allons, je vois que décidément le

sort nous fait inséparables. Couchez-vous ici?

— Je n'en sais rien.

— Ni moi non plus.

— En tout cas je sais bien où je passerai la nuit, moi.

— Où cela?

— Où vous la passerez vous-même, c'est immanquable.

Et tous deux se mirent à rire, en faisant de leur mieux honneur à l'omelette de maître La Hurière.

CHAPITRE VI.

LA DETTE PAYÉE.

Maintenant, si le lecteur est curieux de savoir pourquoi M. de La Mole n'avait pas été reçu par le roi de Navarre, pourquoi M. de Coconnas n'avait pu voir M. de Guise, et enfin pourquoi tous deux, au lieu de souper au Louvre avec des faisans, des perdrix et du chevreuil, soupaient à l'hôtel de la Belle-Étoile avec une omelette au lard, il faut qu'il ait la complaisance de rentrer avec nous au vieux palais des rois, et de suivre la reine Marguerite de Navarre, que de La Mole avait perdue de vue à l'entrée de la grande galerie.

Tandis que Marguerite descendait cet escalier, le duc Henri de Guise, qu'elle n'avait pas revu depuis la nuit de ses noces, était dans le cabinet du roi. A cet escalier que descendait Marguerite, il y avait une issue. A ce cabinet où était M. de Guise, il y avait une porte. Or, cette porte et cette issue conduisaient toutes deux à un corridor, lequel corridor conduisait lui-même aux appartements de la reine-mère Catherine de Médicis.

Catherine de Médicis était seule, assise près d'une table, le coude appuyé sur un livre d'heures entr'ouvert, et la tête appuyée sur sa main encore remarquablement belle, grâce aux cosmétiques que lui fournissait le Florentin René, qui réunissait la double charge de parfumeur et d'empoisonneur de la reine-mère.

La veuve de Henri II était vêtue de ce deuil qu'elle n'avait point quitté depuis la mort de son mari. — C'était à cette époque une femme de cinquante-deux à cinquante-trois ans à peu près, qui conservait, grâce à son embonpoint plein de fraîcheur, des traits de sa première beauté. Son appartement, comme son costume, était celui d'une veuve. — Tout y était d'un caractère sombre : étoffes, murailles, meubles. Seulement, au-dessus d'une espèce de dais couvrant un fauteuil royal, où pour le moment dormait couchée la petite levrette favorite de la reine-mère, laquelle lui avait été donnée par son gendre Henri de Navarre, et avait reçu le nom mythologique de Phébé ; on voyait peint au naturel un arc-en-ciel entouré de cette devise grecque que le roi François Ier lui avait donnée : *Phôs pherei ê de kai aïthzen*, et qui peut se traduire par ce vers français :

Il porte la lumière et la sérénité.

Tout à coup, et au moment où la reine-mère paraissait plongée au plus profond d'une pensée qui faisait éclore sur ses lèvres peintes avec du carmin un sourire lent et plein d'hésitation, — un homme ouvrit la porte, souleva la tapisserie et montra son visage pâle en disant :

— Tout va mal.

— Catherine leva la tête et reconnut le duc de Guise.

— Comment, tout va mal! répondit-elle. Que voulez-vous dire, Henri?

— Je veux dire que le roi est plus que jamais coiffé de ses huguenots maudits et que, si nous attendons son congé pour exécuter la grande entreprise, nous attendrons encore long-temps, et peut-être toujours.

— Qu'est-il donc arrivé? demanda Catherine en conservant ce visage calme qui lui était habituel, et auquel elle savait cependant si bien, selon l'occasion, donner les expressions les plus opposées.

— Il y a que, tout à l'heure, pour la vingtième fois j'ai entamé avec Sa Majesté cette question de savoir si l'on continuerait de supporter les bravades que se permettent, depuis la blessure de leur amiral, messieurs de la religion.

— Et que vous a répondu mon fils ? demanda Catherine.

— Il m'a répondu : — Monsieur le duc, vous devez être soupçonné du peuple comme auteur de l'assassinat commis sur mon second père monsieur l'amiral, défendez-vous comme il vous plaira. Quant à moi, je me défendrai bien moi-même si l'on m'insulte... Et sur ce il m'a tourné le dos pour aller donner à souper à ses chiens.

— Et vous n'avez point tenté de le retenir ?

— Si fait. Mais il m'a répondu avec cette voix que vous lui connaissez et en me regardant de ce regard qui n'est qu'à lui :

— Monsieur le duc, mes chiens ont

faim — et ce ne sont pas des hommes pour que je les fasse attendre....

— Sur quoi, je suis venu vous prévenir.

— Et vous avez bien fait, dit la reine-mère.

— Mais que résoudre?

— Tenter un dernier effort.

— Et qui l'essaiera?

— Moi. Le roi est il seul?

— Non. — Il est avec M. de Tavannes.

— Attendez-moi ici. — Ou plutôt suivez-moi de loin.

Catherine se leva aussitôt et prit le chemin de la chambre où se tenaient, sur des tapis de Turquie et des coussins de velours, les lévriers favoris du roi. Sur des perchoirs scellés dans la muraille étaient deux ou trois faucons de choix et une petite pie-grièche avec laquelle Charles IX s'amusait à voler les petits oiseaux dans le jardin du Louvre et dans ceux des Tuileries qu'on commençait de bâtir.

Pendant le chemin la reine-mère s'était arrangé un visage pâle et plein d'angoisse, sur lequel roulait une dernière — ou plutôt une première larme.

Elle s'approcha sans bruit de Charles IX, qui donnait à ses chiens des fragments de gâteaux coupés en portions pareilles.

— Mon fils — dit Catherine avec un tremblement de voix si bien joué qu'il fit tressaillir le roi.

— Qu'avez-vous, madame? dit Charles en se retournant vivement.

— J'ai, mon fils, répondit Catherine, que je vous demande la permission de me retirer dans un de vos châteaux, peu m'importe lequel, pourvu qu'il soit bien éloigné de Paris.

— Et pourquoi cela, madame? demanda Charles IX en fixant sur sa mère son œil vitreux, qui, dans certaines occasions, devenait si pénétrant.

— Parce que chaque jour je reçois de nouveaux outrages de ceux de la religion, parce qu'aujourd'hui je vous ai entendu menacer par les protestants jusque dans votre Louvre, et que je ne veux plus assister à de pareils spectacles.

— Mais enfin, ma mère, dit Charles IX avec une expression pleine de conviction, on leur a voulu tuer leur amiral. Un infâme meurtrier leur avait déjà assassiné le brave M. de Mouy, à ces pauvres gens. Mort de ma vie, ma mère! il faut pourtant une justice dans un royaume.

— Oh, soyez tranquille, mon fils! dit Catherine, la justice ne leur manquera point; car si vous la leur refusez, ils se la feront à leur manière : sur M. de Guise aujourd'hui, sur moi demain, sur vous plus tard.

— Oh, madame! dit Charles IX laissant percer dans sa voix un premier accent de doute; vous croyez?

— Eh, mon fils! reprit Catherine s'abandonnant tout entière à la violence de ses pensées, ne voyez-vous pas qu'il ne s'agit plus de la mort de M. François de Guise ou de celle de M. l'amiral, de la religion protestante ou de la religion catholique, mais tout simplement de la substitution du fils d'Antoine de Bourbon au fils de Henri II?

— Allons, allons, ma mère, voici que

vous rétombez encore dans vos exagérations habituelles ! dit le roi.

— Quel est donc votre avis, mon fils ?

— D'attendre, ma mère ! d'attendre. Toute la sagesse humaine est dans ce seul mot. Le plus grand, le plus fort, et le plus adroit surtout, est celui qui sait attendre.

— Attendez donc ; mais moi, je n'attendrai pas.

Et sur ce Catherine fit une révérence et, se rapprochant de la porte, s'apprêta à reprendre le chemin de son appartement.

Charles IX l'arrêta.

— Enfin, que faut-il donc faire, ma mère ? dit-il, car je suis juste avant toute chose ; et je voudrais que chacun fût content de moi.

Catherine se rapprocha.

— Venez, monsieur le comte, dit-elle à

Tavannes, qui caressait la pie-grièche du roi, et dites au roi ce qu'à votre avis il faut faire.

— Votre Majesté me permet-elle? demanda le comte.

— Dis, Tavannes! dis.

— Que fait Votre Majesté à la chasse quand le sanglier blessé revient sur elle?

— Mordieu, monsieur! je l'attends de pied ferme, dit Charles IX, et je lui perce la gorge avec mon épieu.

— Uniquement pour l'empêcher de vous nuire, ajouta Catherine.

— Et pour m'amuser, dit le roi avec un sourire qui indiquait le courage poussé jusqu'à la férocité; mais je ne m'amuserais pas à tuer mes sujets, car, enfin, les huguenots sont mes sujets aussi bien que les catholiques.

— Alors, sire, dit Catherine, vos sujets les huguenots feront comme le sanglier à qui on ne met pas un épieu dans la gorge : ils découdront le trône.

— Bah ! vous croyez, madame ? dit Charles IX d'un air qui indiquait qu'il n'ajoutait pas grande foi aux prédictions de sa mère.

— Mais n'avez-vous pas vu aujourd'hui M. de Mouy et les siens ?

— Oui, je les ai vus, puisque je les quitte, mais que m'a-t-il demandé qui ne soit pas juste ; il m'a demandé la mort du meurtrier de son père et de l'assassin de l'amiral ! Est-ce que nous n'avons pas puni M. de Montgommery de la mort de mon père et de votre époux, quoique cette mort fût un simple accident ?

— C'est bien, sire, dit Catherine piquée,

n'en parlons plus. Votre Majesté est sous la protection du Dieu qui lui donna la force, la sagesse et la confiance ; mais moi, pauvre femme, que Dieu abandonne sans doute à cause de mes péchés, je crains et je cède.

Et sur ce Catherine salua une seconde fois, et sortit faisant signe au duc de Guise, qui sur ces entrefaites était entré, de demeurer à sa place pour tenter encore un dernier effort.

Charles IX suivit des yeux sa mère, mais sans la rappeler cette fois ; puis il se mit à caresser ses chiens en sifflant un air de chasse.

Tout à coup il s'interrompit.

— Ma mère est bien un esprit royal, dit-il ; en vérité, elle ne doute de rien. Allez donc, d'un propos délibéré, tuer quelques douzaines de huguenots, parce qu'ils sont venus demander justice! N'est-ce pas leur droit, après tout?

— Quelques douzaines! murmura le duc de Guise.

— Ah! vous êtes là, monsieur! dit le roi faisant semblant de l'apercevoir pour la première fois : oui, quelques douzaines ; le beau déchet! Ah! si quelqu'un venait me dire : Sire, vous serez débarrassé de tous vos ennemis à la fois, et demain il n'en restera pas un pour vous reprocher la mort des autres, ah! alors, je ne dis pas!

— Eh bien, sire?

— Tavannes, interrompit le roi, vous fatiguez Margot, remettez-la au perchoir. Ce n'est pas une raison, parce qu'elle porte le nom de ma sœur, la reine de

Navarre, pour que tout le monde la caresse.

Tavannes remit la pie sur son bâton, et s'amusa à rouler et à dérouler les oreilles d'un lévrier.

— Mais, sire, reprit le duc de Guise, si l'on disait à Votre Majesté : Sire, Votre Majesté sera délivrée demain de tous ses ennemis?

— Et par l'intercession de quel saint ferait-on ce grand miracle?

— Sire, nous sommes aujour'hui le 24 août, ce serait donc par l'intercession de saint Barthélemy.

— Un beau saint, dit le roi, qui s'est laissé écorcher tout vif!

— Tant mieux! plus il a souffert, plus il doit avoir gardé rancune à ses bourreaux.

— Et c'est vous, mon cousin, dit le roi,

c'est vous qui, avec votre jolie petite épée
à poignée d'or, tuerez d'ici à demain dix
mille huguenots ! — Ah ! ah ! ah ! mort
de ma vie ! que vous êtes plaisant, monsieur de Guise !

Et le roi éclata de rire, mais d'un rire
si faux, que l'écho de la chambre le répéta
d'un ton lugubre.

— Sire, un mot, un seul, poursuivit le duc
tout en frissonnant malgré lui au bruit de ce
rire qui n'avait rien d'humain. Un signe, et
tout est prêt. J'ai les Suisses, j'ai onze cents
gentilshommes, j'ai les chevau-légers, j'ai
les bourgeois ; de son côté, Votre Majesté a
ses gardes, ses amis, sa noblesse catholique... Nous sommes vingt contre un.

— Eh bien ! puisque vous êtes si fort,
mon cousin, pourquoi diable venez-vous

me rebattre les oreilles de tout cela...! Faites sans moi, faites!...

Et le roi se retourna vers ses chiens.

Alors la portière se souleva et Catherine reparut.

— Tout va bien, dit-elle au duc, insistez, il cédera.

Et la portière retomba sur Catherine sans que Charles IX la vît ou du moins fît semblant de la voir.

— Mais encore, dit le duc de Guise, faut-il que je sache si en agissant comme je le désire, je serai agréable à Votre Majesté.

— En vérité, mon cousin Henri, vous me plantez le couteau sur la gorge ; mais je résisterai, mordieu! ne suis-je donc pas le roi ?

— Non, pas encore, sire ; mais si vous le voulez, vous le serez demain.

— Ah çà! continua Charles IX, on tuerait donc aussi le roi de Navarre, le prince de Condé... dans mon Louvre... Ah!

Puis, il ajouta d'une voix à peine intelligible :

— Dehors, je ne dis pas.

— Sire, s'écria le duc, ils sortent ce soir pour faire débauche avec le duc d'Alençon, votre frère.

— Tavannes, dit le roi avec une impatience admirablement bien jouée, ne voyez-vous pas que vous taquinez mon chien! Viens, Actéon, viens.

Et Charles IX sortit sans en vouloir écouter davantage, et rentra chez lui laissant Tavannes et le duc de Guise presque aussi incertains qu'auparavant.

Cependant une scène d'un autre genre se passait chez Catherine, qui, après avoir donné au duc de Guise le conseil de tenir bon, était rentrée dans son appartement, où elle avait trouvé réunies les personnes qui d'ordinaire assistaient à son coucher.

A son retour, Catherine avait la figure aussi riante qu'elle était décomposée à son départ. Peu à peu elle congédia de son air le plus agréable ses femmes et ses courtisans ; il ne resta bientôt près d'elle que madame Marguerite, qui, assise sur un coffre près de la fenêtre ouverte, regardait le ciel absorbée dans ses pensées.

Deux ou trois fois, en se retrouvant seule avec sa fille, la reine-mère ouvrit la bouche pour parler, mais chaque fois une sombre pensée refoula au fond de sa poitrine les mots prêts à s'échapper de ses lèvres.

Sur ces entrefaites, la portière se souleva et Henri de Navarre parut.

La petite levrette, qui dormait sur le trône, bondit et courut à lui.

— Vous ici, mon fils! dit Catherine en tressaillant, est-ce que vous soupez au Louvre?

— Non, madame, répondit Henri, nous battons la ville ce soir avec MM. d'Alençon et de Condé. Je croyais presque les trouver ici occupés à vous faire leur cour.

Catherine sourit.

—Allez, messieurs, dit-elle, allez... Les hommes sont bien heureux de pouvoir courir ainsi... N'est-ce pas, ma fille?

—C'est vrai, répondit Marguerite, c'est

une si belle et si douce chose que la liberté!

— Cela veut-il dire que j'enchaîne la vôtre, madame? dit Henri en s'inclinant devant sa femme.

— Non, monsieur; aussi n'est-ce pas moi que je plains, mais la condition des femmes en général.

— Vous allez peut-être voir M. l'amiral, mon fils? dit Catherine.

— Oui, peut-être.

— Allez-y; ce sera d'un bon exemple, et demain vous me donnerez de ses nouvelles.

— J'irai donc, madame, puisque vous approuvez cette démarche.

— Moi, dit Catherine, je n'approuve rien... Mais qui va là?... Renvoyez, renvoyez.

Henri fit un pas vers la porte pour exécuter l'ordre de Catherine; mais au même instant la tapissière se souleva, et madame de Sauve montra sa tête blonde.

— Madame, dit-elle, c'est René, le parfumeur, que Votre Majesté a fait demander.

Catherine lança un regard aussi prompt que l'éclair sur Henri de Navarre. Le jeune prince rougit légèrement, puis presque aussitôt pâlit d'une manière effrayante. En effet, on venait de prononcer le nom de l'assassin de sa mère. Il sentit que son visage trahissait son émotion, et alla s'appuyer sur la barre de la fenêtre.

La petite levrette poussa un gémissement.

Au même instant deux personnes entraient, l'une annoncée et l'autre qui n'avait pas besoin de l'être.

La première était René, le parfumeur, qui s'approcha de Catherine avec toutes les obséquieuses civilités des serviteurs florentins; il tenait une boîte, qu'il ouvrit, et dont on vit tous les compartiments remplis de poudres et de flacons.

La seconde était madame de Lorraine, sœur aînée de Marguerite. Elle entra par une petite porte dérobée qui donnait dans le cabinet du roi, et toute pâle et toute tremblante, espérant n'être point aperçue de Catherine, qui examinait avec madame de Sauve le contenu de la boîte apportée par René, elle alla s'asseoir à côté de Marguerite, près de laquelle le roi de Navarre se tenait debout, la main sur le front, comme un homme qui cherche à se remettre d'un éblouissement.

En ce moment Catherine se retourna.

— Ma fille, dit-elle à Marguerite, vous pouvez vous retirer chez vous. Mon fils, dit-elle, vous pouvez aller vous amuser par la ville.

Marguerite se leva, et Henri se retourna à moitié.

Madame de Lorraine saisit la main de Marguerite.

— Ma sœur, lui dit-elle tout bas et avec volubilité, au nom de M. de Guise, qui vous sauve comme vous l'avez sauvé, ne sortez pas d'ici, n'allez pas chez vous!

— Hein! que dites-vous, Claude? demanda Catherine en se retournant.

— Rien, ma mère.

— Vous avez parlé tout bas à Marguerite?

— Pour lui souhaiter le bonsoir seulement, madame, et pour lui dire mille choses dela part de la duchesse de Nevers.

— Et où est-elle, cette belle duchesse?

— Près de son beau-frère M. de Guise.

Catherine regarda les deux femmes de son œil soupçonneux et fronçant le sourcil :

— Venez çà, Claude! dit la reine-mère.

Claude obéit. — Catherine lui saisit la main.

— Que lui avez-vous dit, indiscrète que vous êtes! murmura-t-elle en serrant le poignet de sa fille à la faire crier.

— Madame, dit à sa femme Henri, qui, sans entendre, n'avait rien perdu de la pantomime de la reine, de Claude et de

Marguerite; — madame, me ferez-vous l'honneur de me donner votre main à baiser ?

Marguerite lui tendit une main tremblante.

— Que vous a-t-elle dit? murmura Henri en se baissant pour rapprocher ses lèvres de cette main.

— De ne pas sortir. Au nom du ciel, ne sortez pas non plus !

Ce ne fut qu'un éclair; mais à la lueur de cet éclair si rapide qu'elle fût, Henri devina tout un complot.

— Ce n'est pas le tout, dit Marguerite; voici une lettre qu'un gentilhomme provençal a apportée.

— M. de La Mole?

— Oui.

— Merci, dit-il en prenant la lettre et

en la serrant dans son pourpoint. Et, passant devant sa femme éperdue, il alla appuyer sa main sur l'épaule du Florentin.

— Eh bien, maître René! dit-il, comment vont les affaires commerciales?

— Mais assez bien, monseigneur, assez bien, répondit l'empoisonneur avec son perfide sourire.

— Je le crois bien, dit Henri, quand on est comme vous le fournisseur de toutes les têtes couronnées de France et de l'étranger.

— Excepté de celle du roi de Navarre, répondit effrontément le Florentin.

— Ventre-saint-gris, maître René! dit Henri, vous avez raison ; et cependant ma pauvre mère, qui achetait aussi chez vous, a recommandé à moi, en mourant, maître René. Venez me voir demain ou après-demain en mon appartement, et apportez-moi vos meilleures parfumeries.

— Ce ne sera point mal vu, dit en souriant Catherine, car on dit...

— Que j'ai le gousset fin, reprit Henri en riant; qui vous a dit cela, ma mère? est-ce Margot?

— Non, mon fils, dit Catherine, c'est madame de Sauve.

En ce moment, madame la duchesse de Lorraine, qui, malgré les efforts qu'elle faisait, ne pouvait se contenir, éclata en sanglots.

Henri ne se retourna même pas.

— Ma sœur, s'écria Marguerite en s'élançant vers Claude, qu'avez-vous?

— Rien, dit Catherine en passant entre les deux jeunes femmes, rien : elle a cette fièvre nerveuse que Mazille lui recommande de traiter avec des aromates.

Et elle serra de nouveau et avec plus de vigueur encore que la première fois le bras de sa fille aînée; puis se retournant vers la cadette :

— Çà, Margot, dit-elle, n'avez-vous pas entendu que déjà je vous ai invitée à vous retirer chez vous? Si cela ne suffit pas, je vous l'ordonne.

— Pardonnez-moi, madame! dit Marguerite tremblante et pâle, je souhaite une bonne nuit à Votre Majesté.

— Et j'espère que votre souhait sera exaucé. Bonsoir, bonsoir.

Marguerite se retira toute chancelante en cherchant vainement à rencontrer un regard de son mari, qui ne se retourna pas même de son côté.

Il se fit un instant de silence pendant lequel Catherine demeura les yeux fixés sur la duchesse de Lorraine, qui de son côté, sans parler, regardait sa mère les mains jointes.

Henri tournait le dos, mais voyait la scène dans une glace tout en ayant l'air de friser sa moustache avec une pommade que venait de lui donner René.

— Et vous, Henri, dit Catherine, sortez-vous toujours?

— Ah, oui! c'est vrai, s'écria le roi de Navarre. Ah! par ma foi! j'oubliais que le duc d'Alençon et le prince de Condé m'attendent! Ce sont ces admirables parfums qui m'enivrent et, je crois, me font perdre la mémoire. Au revoir, madame.

— Au revoir! Demain, vous m'apprendrez des nouvelles de l'amiral, n'est-ce pas ?

— Je n'aurai garde d'y manquer. — Eh bien, Phébé! qu'y a-t-il?

— Phébé! dit la reine-mère avec impatience.

— Rappelez-la, madame, dit le Béarnais, car elle ne veut pas me laisser sortir.

La reine-mère se leva, prit la petite chienne par son collier et la retint, tandis que Henri s'éloignait le visage aussi calme et aussi riant que s'il n'eût pas senti au fond de son cœur qu'il courait danger de mort.

Derrière lui, la petite chienne lâchée par Catherine de Médicis s'élança pour le rejoindre ; mais la porte était refermée, et elle ne put que glisser son museau allongé sous la tapisserie en poussant un hurlement lugubre et prolongé.

— Maintenant, Charlotte, dit Catherine à madame de Sauve, va chercher M. de Guise et Tavannes, qui sont dans mon oratoire, et reviens avec eux pour tenir compagnie à la duchesse de Lorraine qui a ses vapeurs.

CHAPITRE VII.

LA NUIT DU 24 AOUT 1572.

Lorsque La Mole et Coconnas eurent achevé leur maigre souper, car les volailles de l'hôtellerie de la Belle-Étoile ne flambaient que sur l'enseigne, Coconnas fit pivoter sa chaise sur un de ses quatre pieds, étendit les jambes, appuya son coude sur la table et dégustant un dernier verre de vin :

— Est-ce que vous allez vous coucher incontinent, monsieur de La Mole? demanda-t-il.

— Ma foi, j'en aurais grande envie, monsieur, car il est possible qu'on vienne me réveiller dans la nuit.

— Et moi aussi, dit Coconnas; mais il me semble, en ce cas, qu'au lieu de nous coucher et de faire attendre ceux qui doivent nous envoyer chercher, nous ferions mieux de demander des cartes et de jouer. Cela fait qu'on nous trouverait tout préparés.

— J'accepterais volontiers la proposition, monsieur; mais pour jouer, je possède bien peu d'argent; à peine si j'ai cent écus d'or dans ma valise; et encore, c'est tout mon trésor. Maintenant, c'est à moi de faire fortune avec cela.

— Cent écus d'or ! s'écria Coconnas, et vous vous plaignez ! Mordi ! mais moi, monsieur, je n'en ai que six.

— Allons donc, reprit La Mole, je vous ai vu tirer de votre poche une bourse qui m'a paru non-seulement fort ronde, mais on pourrait même dire quelque peu boursouflée.

— Ah ! ceci, dit Coconnas, c'est pour éteindre une ancienne dette que je suis obligé de payer à un vieil ami de mon père que je soupçonne d'être comme vous tant soit peu huguenot. Oui, il y a là cent nobles à la rose, continua Coconnas en frappant sur sa poche, mais ces cent nobles à la rose appartiennent à maître Mercandon ; quant à mon patrimoine personnel, il se borne, comme je vous l'ai dit, à six écus.

— Comment jouer, alors ?

— Et c'est justement à cause de cela que je voulais jouer. D'ailleurs, il m'était venu une idée.

— Laquelle ?

— Nous venons tous deux à Paris dans un même but ?

— Oui.

— Nous avons chacun un protecteur puissant ?

— Oui.

— Vous comptez sur le vôtre comme je compte sur le mien ?

— Oui.

— Eh bien ! il m'était venu dans la pensée de jouer d'abord notre argent, puis la première faveur qui nous arrivera, soit de la cour, soit de notre maîtresse....

— En effet, c'est fort ingénieux ! dit La Mole en souriant ; mais j'avoue que je ne suis pas assez joueur pour risquer ma vie tout entière sur un coup de cartes ou un coup de dés, car de la première faveur qui vous arrivera à vous et à moi découlera probablement notre vie tout entière.

— Eh bien! laissons donc là la première faveur de la cour, et jouons la première faveur de notre maîtresse.

— Je n'y vois qu'un inconvénient, dit La Mole.

— Lequel?

— C'est que je n'ai point de maîtresse, moi.

— Ni moi non plus; mais je compte bien ne pas tarder à en avoir une! Dieu merci! on n'est point taillé de façon à manquer de femmes.

— Aussi, comme vous dites, n'en manquerez-vous point, monsieur de Coconnas; mais, comme je n'ai point la même confiance dans mon étoile amoureuse, je crois que ce serait vous voler que de mettre mon enjeu contre le vôtre. Jouons donc jusqu'à concurrence de vos six écus, et si vous les perdiez par malheur, et que vous voulussiez continuer le jeu, eh bien! vous êtes gentilhomme, et votre parole vaut de l'or.

— A la bonne heure! s'écria Coconnas, et voilà qui est parlé; vous avez raison, monsieur, la parole d'un gentilhomme vaut de l'or, surtout quand ce gentilhomme a du crédit à la cour. Aussi, croyez que je ne me hasarderais pas trop en jouant contre vous la première faveur que je devrais recevoir.

— Oui, sans doute, vous pouvez la perdre, mais moi je ne pourrais pas la gagner ; car, étant au roi de Navarre, je ne puis rien tenir de M. le duc de Guise.

— Ah, parpaillot! murmura l'hôte tout en fourbissant son vieux casque, je t'avais donc bien flairé.

Et il s'interrompit pour faire le signe de la croix.

— Ah çà ! décidément, reprit Coconnas en battant les cartes que venait de lui apporter le garçon, vous en êtes donc?...

— De quoi?

— De la religion.

— Moi?

— Oui, vous.

— Eh bien, mettez que j'en sois ! dit La Mole en souriant. Avez-vous quelque chose contre nous?

— Oh ! Dieu merci, non. Cela m'est bien égal. Je hais profondément la huguenoterie, mais je ne déteste pas les huguenots, et puis c'est la mode.

— Oui, répliqua La Mole en riant, témoin l'arquebusade de M. l'amiral! Jouerons-nous aussi des arquebusades?

— Comme vous voudrez, dit Coconnas; pourvu que je joue, peu m'importe quoi.

— Jouons donc, dit La Mole en ramassant ses cartes et en les rangeant dans sa main.

— Oui, jouez et jouez de confiance; car dussé-je perdre cent écus d'or comme les vôtres, j'aurai demain matin de quoi les payer.

— La fortune vous viendra donc en dormant?

— Non, c'est moi qui irai la trouver.

— Où cela, dites-moi! j'irai avec vous?

— Au Louvre.

— Vous y retournez cette nuit?

— Oui, j'ai cette nuit une audience particulière du grand duc de Guise.

Depuis que Coconnas avait parlé d'aller chercher fortune au Louvre, La Hurière s'était interrompu de fourbir sa salade et s'était venu placer derrière la chaise de La Mole, de manière que Coconnas seul le pût voir, et de là il lui faisait des signes que le Piémontais tout à son jeu et à sa conversation ne remarquait pas.

— Eh bien, voilà qui est miraculeux! dit La Mole, et vous aviez raison de dire que nous étions nés sous une même étoile. Moi aussi j'ai rendez-vous au Louvre cette nuit, mais ce n'est pas avec le duc de Guise; moi, c'est avec le roi de Navarre.

— Avez-vous un mot d'ordre, vous?

— Oui.

— Un signe de ralliement?

— Non.

— Eh bien, j'en ai un, moi, mon mot d'ordre est....

A ces paroles du Piémontais, La Hurière fit un geste si expressif, juste au moment où l'indiscret gentilhomme relevait la tête, que Coconnas s'arrêta pétrifié bien plus de ce geste encore que du coup par lequel il venait de perdre trois écus. En voyant l'étonnement qui se peignait sur le visage de son partner, La Mole se retourna; mais il ne vit pas autre chose que son hôte derrière lui, les bras croisés et coiffé de la salade qu'il lui avait vu fourbir l'instant d'auparavant.

— Qu'avez-vous donc? dit La Mole à Coconnas.

Coconnas regardait l'hôte et son compagnon sans répondre, car il ne comprenait rien aux gestes redoublés de maître La Hurière.

La Hurière vit qu'il devait venir à son secours.

— C'est que, dit-il rapidement, j'aime beaucoup le jeu aussi, moi; et comme je m'étais approché pour voir le coup sur lequel vous venez de gagner, monsieur m'aura vu coiffé en guerre et cela l'aura surpris de la part d'un pauvre bourgeois.

— Bonne figure, en effet! s'écria La Mole en éclatant de rire.

— Eh, monsieur! répliqua La Hurière avec une bonhomie admirablement jouée et un mouvement d'épaule plein du sentiment de son infériorité, nous ne sommes pas des vaillants, nous autres, et nous n'avons pas la tournure raffinée. C'est bon pour de braves gentilshommes comme vous de faire reluire les casques dorés et les fines rapières, et pourvu que nous montions exactement notre garde....

— Ah, ah! dit La Mole en battant les cartes à son tour, vous montez votre garde?

— Eh, mon Dieu, oui! monsieur le comte, je suis sergent d'une compagnie de milice bourgeoise.

Et cela dit, tandis que La Mole était occupé à donner les cartes, La Hurière se retira en posant un doigt sur ses lèvres pour recommander la discrétion à Coconnas plus interdit que jamais.

Cette précaution fut cause sans doute qu'il perdit le second coup presque aussi rapidement qu'il venait de perdre le premier.

— Eh bien, dit La Mole, voilà qui fait juste vos six écus ! — Voulez-vous votre revanche sur votre fortune future ?

— Volontiers, dit Coconnas, volontiers.

— Mais, avant de vous engager plus avant, ne me disiez-vous pas que vous aviez rendez-vous avec M. de Guise ?

Coconnas tourna ses regards vers la cuisine et vit les gros yeux de La Hurière qui répétaient le même avertissement.

— Oui, dit-il ; mais il n'est pas encore l'heure. D'ailleurs parlons un peu de vous, monsieur de La Mole ?

— Nous ferions mieux, je crois, de parler du jeu, mon cher monsieur de Coconnas ; car ou je me trompe fort, ou me voilà encore en train de vous gagner six écus ?

— Mordi! c'est la vérité... on me l'avait toujours dit, que les huguenots avaient du bonheur au jeu. J'ai envie de me faire huguenot, le diable m'emporte!

Les yeux de La Hurière étincelèrent comme deux charbons; mais Coconnas, tout à son jeu, ne les aperçut pas.

— Faites, comte, faites, dit La Mole; et, quoique la façon dont la vocation vous est venue soit singulière, vous serez le bien reçu parmi nous.

Coconnas se gratta l'oreille.

— Si j'étais sûr que votre bonheur vient de là, dit-il, je vous réponds bien...; car, enfin, je ne tiens pas énormément à la messe, moi, et dès que le roi n'y tient pas non plus...

— Et puis c'est une si belle religion, dit La Mole, si simple, si pure!

— Et puis elle est à la mode, dit Coconnas ; et puis elle porte bonheur au jeu, car, le diable m'emporte ! il n'y a d'as que pour vous, et cependant je vous examine depuis que nous avons les cartes aux mains. Vous jouez franc jeu, vous ne trichez pas. Il faut que ce soit la religion...

— Vous me devez six écus de plus, dit tranquillement La Mole.

— Ah ! comme vous me tentez ! dit Coconnas, et si cette nuit je ne suis pas content de M. de Guise...

— Eh bien ?

— Eh bien ! demain je vous demande de me présenter au roi de Navarre ; et, soyez tranquille, si une fois je me fais huguenot, je serai plus huguenot que Luther, que Calvin, que Mélanchton et que tous les réformistes de la terre.

— Chut! dit de La Mole, vous allez vous brouiller avec notre hôte.

— Oh, c'est vrai! dit Coconnas en tournant les yeux vers la cuisine. Mais non, il ne nous écoute pas, il est trop occupé en ce moment.

— Que fait-il donc? demanda La Mole, qui de sa place ne pouvait l'apercevoir.

— Il cause avec... Le diable m'emporte! c'est lui!

— Qui, lui?

— Cette espèce d'oiseau de nuit avec lequel il causait déjà quand nous sommes arrivés, l'homme au pourpoint jaune et au manteau amadou. Mordi! quel feu il y met! — Eh, dites donc, maître La Hurière! est-ce que vous faites de la politique, par hasard?

Mais cette fois la réponse de maître La

Hurière fut un geste si énergique et si impérieux, que, malgré son amour pour le carton peint, Coconnas se leva et alla à lui.

— Qu'avez-vous donc? demanda La Mole.

— Vous demandez du vin, mon gentilhomme, dit La Hurière saisissant vivement la main de Coconnas, on va vous en donner. — Grégoire, du vin à ces messieurs!

Puis à l'oreille :

— Silence, lui glissa-t-il, silence, sur votre vie! et congédiez votre compagnon.

La Hurière était si pâle, l'homme jaune si lugubre, que Coconnas ressentit comme un frisson, et se retournant vers La Mole.

— Mon cher monsieur de La Mole, lui dit-il, je vous prie de m'excuser. Voilà cinquante écus que je perds en un tour de main. Je suis en malheur ce soir et je craindrais de m'embarrasser.

— Fort bien, monsieur, fort bien, dit La Mole; à votre aise. D'ailleurs je ne suis point fâché de me jeter un instant sur mon lit. Maître La Hurière...

— Monsieur le comte?

— Si l'on venait me chercher de la part du roi de Navarre, vous me réveilleriez. Je serai tout habillé, et par conséquent vite prêt.

— C'est comme moi, dit Coconnas; pour ne pas faire attendre Son Altesse un seul instant, je vais préparer le signe. Maître La Hurière, donnez-moi des ciseaux et du papier blanc.

— Grégoire, cria La Hurière, du papier

blanc pour écrire une lettre, des ciseaux pour en tailler l'enveloppe.

— Ah çà, décidément, se dit à lui-même le Piémontais, il se passe ici quelque chose d'extraordinaire.

— Bonsoir, monsieur de Coconnas! dit La Mole. — Et vous, mon hôte, faites-moi l'amitié de me montrer le chemin de ma chambre. — Bonne chance, notre ami!

Et La Mole disparut dans l'escalier tournant suivi de La Hurière.

Alors l'homme mystérieux saisit à son tour le bras de Coconnas, et, l'attirant à lui, il lui dit avec volubilité:

— Monsieur, vous avez failli révéler cent fois un secret duquel dépend le sort du royaume. Dieu a voulu que votre bouche fût fermée à temps. Un mot de plus et j'allais vous abattre d'un coup d'ar-

quebuse. Maintenant nous sommes seuls
heureusement, écoutez.

— Mais qui êtes-vous, pour me parler
avec ce ton de commandement? demanda
Coconnas.

— Avez-vous, par hasard, entendu
parler du sire de Maurevel?

— Le meurtrier de l'amiral?

— Et du capitaine de Mouy.

— Oui, sans doute.

— Eh bien! le sire de Maurevel, c'est moi.

— Oh! oh! fit Coconnas.

— Écoutez-moi donc.

— Mordi! je le crois bien, que je vous
écoute.

— Chut! fit le sire de Maurevel en portant son doigt à sa bouche.

Coconnas demeura l'oreille tendue.

On entendit en ce moment l'hôte refermer la porte d'une chambre, puis la porte du corridor, y mettre les verrous, et revenir précipitamment du côté des deux interlocuteurs. Il offrit alors un siége à Coconnas, un siége à Maurevel, et en prenant un troisième pour lui :

— Tout est bien clos, dit-il, monsieur de Maurevel, vous pouvez parler.

Onze heures sonnaient à Saint-Germain-l'Auxerrois. Maurevel compta l'un après l'autre chaque battement de marteau qui retentissait vibrant et lugubre dans la nuit, et quand le dernier se fut éteint dans l'espace :

— Monsieur, dit-il en se retournant vers Coconnas tout hérissé à l'aspect des précautions que prenaient les deux hommes, monsieur, êtes-vous bon catholique?

— Mais je le crois, répondit Coconnas.

— Monsieur, continua Maurevel, êtes-vous dévoué au roi?

— De cœur et d'âme. Je crois même que vous m'offensez, monsieur, en m'adressant une pareille question.

— Nous n'aurons pas de querelle là-dessus; seulement, vous allez nous suivre.

— Où cela?

— Peu vous importe. Laissez-vous conduire. Il y va de votre fortune et peut-être de votre vie.

— Je vous préviens, monsieur, qu'à minuit j'ai affaire au Louvre.

— C'est justement là que nous allons.

— M. de Guise m'y attend.

— Nous aussi.

— Mais j'ai un mot de passe particulier, continua Coconnas un peu mortifié de partager l'honneur de son audience avec le sire de Maurevel et maître La Hurière.

— Nous aussi.

— Mais j'ai un signe de reconnaissance.

Maurevel sourit, tira de dessous son pourpoint une poignée de croix en étoffe blanche, en donna une à Là Hurière, une à Coconnas, et en prit une pour lui. La Hurière attacha la sienne à son casque, Maurevel en fit autant de la sienne à son chapeau.

— Oh çà! dit Coconnas stupéfait, le rendez-vous, le mot d'ordre, le signe de ralliement, c'était donc pour tout le monde?

— Oui, monsieur; c'est-à-dire pour tous les bons catholiques.

— Il y a fête au Louvre, alors banquet royal, n'est-ce pas! s'écria Coconnas, et l'on en veut exclure ces chiens de huguenots...

Bon! bien! à merveille! Il y a assez longtemps qu'ils y paradent.

— Oui, il y a fête au Louvre, dit Maurevel, il y a banquet royal, et les huguenots y seront conviés.... Il y a plus, ils seront les héros de la fête, ils payeront le banquet, et, si vous voulez bien être des nôtres, nous allons commencer par aller inviter leur principal champion, leur Gédéon, comme ils disent.

— M. l'amiral? s'écria Coconnas.

— Oui, le vieux Gaspard, que j'ai manqué comme un imbécile, quoique j'aie tiré sur lui avec l'arquebuse même du roi.

— Et voilà pourquoi, mon gentilhomme, je fourbissais ma salade, j'affilais mon épée et repassais mes couteaux, dit d'une voix stridente maître La Hurière travesti en guerrier.

A ces mots Coconnas frissonna et devint fort pâle, car il commençait à comprendre.

— Quoi, vraiment! s'écria-t-il, cette fête, ce banquet... c'est... on va...

— Vous avez été bien long à deviner, monsieur, dit Maurevel, et l'on voit bien que vous n'êtes pas fatigué comme nous des insolences de ces hérétiques.

— Et vous prenez sur vous, dit-il, d'aller chez l'amiral, et de...?

Maurevel sourit, et attirant Coconnas contre la fenêtre :

— Regardez, dit-il; voyez-vous sur la petite place, au bout de la rue, derrière l'église, cette troupe qui se range silencieusement dans l'ombre?

— Oui.

— Les hommes qui composent cette

troupe ont, comme maître La Hurière, vous et moi, une croix au chapeau.

— Eh bien?

— Eh bien! ces hommes, c'est une compagnie des Suisses des petits cantons commandés par Toquenot; vous savez que messieurs des petits cantons sont les compères du roi.

— Oh! oh! fit Coconnas.

— Maintenant, voyez cette troupe de cavaliers qui passe sur le quai; reconnaissez-vous son chef?

— Comment voulez-vous que je le reconnaisse, dit Coconnas tout frémissant, je suis à Paris de ce soir seulement!

— Eh bien! c'est celui avec qui vous avez rendez-vous à minuit au Louvre. Voyez, il va vous y attendre.

— Le duc de Guise?

— Lui-même. Ceux qui l'escortent sont Marcel, ex-prévôt des marchands, et J. Choron, prévôt actuel. Les deux derniers vont mettre sur pied leurs compagnies de bourgeois ; et tenez, voici le capitaine du quartier qui entre dans la rue : regardez-bien ce qu'il va faire.

— Il heurte à chaque porte. Mais qu'y a-t-il donc sur les portes auxquelles il heurte ?

— Une croix blanche, jeune homme ; une croix pareille à celle que nous avons à nos chapeaux. Autrefois on laissait à Dieu le soin de distinguer les siens. Aujourd'hui nous sommes plus civilisés, et nous lui épargnons cette besogne.

— Mais chaque maison à laquelle il frappe s'ouvre, et de chaque maison sortent des bourgeois armés.

— Il frappera à la nôtre comme aux autres, et nous sortirons à notre tour.

— Mais, dit Coconnas, tout ce monde sur pied pour aller tuer un vieux huguenot! — Mordi! c'est honteux! C'est une affaire d'égorgeurs et non de soldats.

— Jeune homme, dit Maurevel, si les vieux vous répugnent, vous pourriez en choisir de jeunes. Il y en aura pour tous les goûts. Si vous méprisez les poignards, vous pourrez vous servir de l'épée; car les huguenots ne sont pas gens à se laisser égorger sans se défendre, et, vous le savez, les huguenots jeunes ou vieux ont la vie dure.

— Mais on les tuera donc tous alors? s'écria Coconnas.

— Tous.

— Par ordre du roi?

— Par ordre du roi, et de M. de Guise.

— Et quand cela ?

— Quand vous entendrez sonner la cloche de Saint-Germain-l'Auxerrois.

— Ah ! c'est donc pour cela que cet aimable Allemand, qui est à M. de Guise, comment l'appelez-vous donc ?

— M. de Besme.

— Justement. C'est donc pour cela que M. de Besme me disait d'accourir au premier coup de tocsin ?

— Vous avez donc vu M. de Besme ?

— Je l'ai vu et je lui ai parlé.

— Où cela ?

— Au Louvre. C'est lui qui m'a fait entrer, qui m'a donné le mot d'ordre, qui m'a...

— Regardez.

— Mordi ! c'est lui-même.

— Voulez-vous lui parler?

— Sur mon âme! je n'en serais pas fâché.

Maurevel ouvrit vivement la fenêtre. Besme, en effet, passait avec une vingtaine d'hommes.

— *Guise et Lorraine*, dit Maurevel.

Besme se retourna, et, comprenant que c'était à lui qu'on avait affaire, il s'approcha.

— Ah, ah! c'être fous, sire de Maurefel.

— Oui, c'est moi; que cherchez-vous?

— J'y cherche l'auperge de la Pelle-Étoile, pour brévenir un certain monsir Gogonnas.

— Me voici, monsieur de Besme! dit le jeune homme.

— Ah! pon, ah! pien... Vous êtes brêt?

— Oui. Que faut-il faire?

— Ce que fous tira montsir de Maurefel. C'être un bon gatholique.

— Vous l'entendez? dit Maurevel.

— Oui, répondit Coconnas. Mais vous, monsieur de Besme, où allez-vous?

— Moi! dit de Besme en riant...

— Oui, vous?

— Moi, che fa tire un bedit mot à l'amiral.

— Dites-lui-en deux, s'il le faut, dit Maurevel, et que cette fois, s'il se relève du premier, il ne se relève pas du second.

— Soyez dranguille, montsir de Maurefel, soyez dranguille, et tressez-moi pien ce cheune homme-là.

— Oui, oui, n'ayez pas de crainte, les Coconnas sont de fins limiers, et bons chiens chassent de race.

— Atieu!

— Allez.

— Et fous?

— Commencez toujours la chasse, nous arriverons pour la curée.

De Besme s'éloigna et Maurevel ferma la fenêtre.

— Vous l'entendez, jeune homme! dit Maurevel; si vous avez quelque ennemi particulier, quand il ne serait pas tout à fait huguenot, mettez-le sur la liste, et il passera avec les autres.

Coconnas, plus étourdi que jamais de tout ce qu'il voyait et de tout ce qu'il entendait, regardait tour à tour l'hôte, qui prenait des poses formidables, et Maurevel, qui tirait tranquillement un papier de sa poche.

— Quant à moi, voilà ma liste, dit-il.
— Trois cents. — Que chaque bon ca-

tholique fasse, cette nuit, la dixième partie de la besogne que je ferai, et il n'y aura plus demain un seul hérétique dans le royaume!

— Chut! dit La Hurière.

— Quoi? répétèrent ensemble Coconnas et Maurevel.

On entendit vibrer le premier coup de beffroi à Saint-Germain-l'Auxerrois.

— Le signal! s'écria Maurevel. L'heure est donc avancée. Ce n'était que pour minuit, m'avait-on dit... Tant mieux! Quand il s'agit de la gloire de Dieu et du roi, mieux vaut les horloges qui avancent que les horloges qui retardent.

En effet, on entendait tinter lugubrement la cloche de l'église. — Bientôt un premier coup de feu retentit, et presque aussitôt la lueur de plusieurs flambeaux illumina comme un éclair la rue de l'Arbre-Sec.

Coconnas passa sur son front sa main humide de sueur.

— C'est commencé, s'écria Maurevel, en route!

— Un moment, un moment! dit l'hôte; avant de nous mettre en campagne, assurons-nous du logis, comme on dit à la guerre. Je ne veux pas qu'on égorge ma femme et mes enfants pendant que je serai dehors. — Il y a un huguenot ici.

— M. de La Mole? s'écria Coconnas avec un soubresaut.

— Oui! le parpaillot s'est jeté dans la gueule du loup.

— Comment! dit Coconnas, vous vous attaqueriez à votre hôte?

— C'est à son intention surtout que j'ai repassé ma rapière.

— Oh! oh! fit le Piémontais en fronçant le sourcil.

— Je n'ai jamais tué personne que mes lapins, mes canards et mes poulets, répliqua le digne aubergiste ; je ne sais donc trop comment m'y prendre pour tuer un homme. Eh bien! je vais m'exercer sur celui-là. Si je fais quelque gaucherie, au moins personne ne sera là pour se moquer de moi.

— Mordi, c'est dur! objecta Coconnas, M. de La Mole est mon compagnon, M. de La Mole a soupé avec moi, M. de La Mole a joué avec moi...

— Oui, mais M. de La Mole est un hérétique, dit Maurevel, M. de La Mole est condamné ; et si nous ne le tuons pas, d'autres le tueront.

— Sans compter, dit l'hôte, qu'il vous a gagné cinquante écus.

— C'est vrai, dit Coconnas, mais loyalement, j'en suis sûr.

— Loyalement ou non, il vous faudra toujours le payer ; tandis que si je le tue, vous êtes quitte.

— Allons, allons ! dépêchons, messieurs, cria Maurevel : une arquebusade, un coup de rapière, un coup de marteau, un coup de chenet, un coup de tout ce que vous voudrez ; mais finissons-en, si nous voulons arriver à temps, comme nous l'avons promis, pour aider M. de Guise chez l'amiral.

Coconnas soupira.

— J'y cours ! s'écria La Hurière, attendez-moi.

— Mordi ! s'écria Coconnas, il va faire

souffrir ce pauvre garçon, et le voler peut-être. Je veux être là pour l'achever, s'il est besoin, et empêcher qu'on ne touche à son argent.

Et, mu par cette heureuse idée, Coconnas monta l'escalier derrière maître La Hurière, qu'il eût bientôt rejoint ; car, à mesure qu'il montait, par un effet de la réflexion sans doute, La Hurière ralentissait le pas.

Au moment où il arrivait à la porte, toujours suivi de Coconnas, plusieurs coups de feu retentirent dans la rue. Aussitôt on entendit La Mole sauter de son lit et le plancher crier sous ses pas.

— Diable, murmura La Hurière un peu troublé, il est réveillé, je crois !

— Ça m'en a l'air, dit Coconnas.

— Et il va se défendre?

— Il en est capable. Dites donc, maître La Hurière, s'il allait vous tuer, ça serait drôle.

— Hum! hum! fit l'hôte.

— Mais, se sentant armé d'une bonne arquebuse, il se rassura et enfonça la porte d'un vigoureux coup de pied.

On vit alors La Mole, sans chapeau, mais tout vêtu, retranché derrière son lit, son épée entre ses dents et ses pistolets à la main.

— Oh, oh! dit Coconnas en ouvrant les narines en véritable bête fauve qui flaire le sang, voilà qui devient intéressant, maître La Hurière. Allons, allons! en avant.

— Ah! l'on veut m'assassiner, à ce qu'il paraît! cria La Mole, dont les yeux flamboyaient, et c'est toi, misérable!

Maître La Hurière ne répondit à cette apostrophe, qu'en abaissant son arquebuse et qu'en mettant le jeune homme en joue. Mais La Mole avait vu la démonstration, et, au moment où le coup partit, il se jeta à genoux, et la balle passa par-dessus sa tête.

— A moi, cria La Mole, à moi, monsieur de Coconnas !

— A moi ! monsieur de Maurevel, à moi ! cria La Hurière.

— Ma foi, monsieur de La Mole ! dit Coconnas, tout ce que je puis dans cette affaire est de ne point me mettre contre vous. Il paraît qu'on tue cette nuit les huguenots au nom du roi. Tirez-vous de là comme vous pourrez.

— Ah, traîtres ! ah, assassins ! c'est comme cela, eh bien ! attendez.

Et La Mole, visant à son tour, lâcha la détente d'un de ses pistolets. La Hurière, qui ne le perdait pas de vue, eut le temps de se jeter de côté; mais Coconnas, qui ne s'attendait pas à cette riposte, resta à la place où il était et la balle lui effleura l'épaule.

— Mordi! cria-t-il en grinçant des dents, j'en tiens; à nous deux donc! puisque tu le veux.

Et tirant sa rapière, il s'élança vers La Mole.

Sans doute s'il eût été seul, La Mole l'eût attendu; mais Coconnas avait derrière lui maître La Hurière, qui rechargeait son arquebuse, sans compter Maurevel, qui, pour se rendre à l'invitation de l'aubergiste, montait les escaliers quatre à quatre. La

Mole se jeta donc dans un cabinet, et verrouilla la porte derrière lui.

— Ah, schelme! s'écriait Coconnas furieux, heurtant la porte du pommeau de sa rapière, attends, attends. Je veux te trouer le corps d'autant de coups d'épée que tu m'as gagné d'écus ce soir ! Ah ! je viens pour t'empêcher de souffrir ! ah ! je viens pour qu'on ne te vole pas! et tu me récompenses en m'envoyant une balle dans l'épaule! attends ! birbone ! attends !

Sur ces entrefaites maître La Hurière s'approcha, et d'un coup de la crosse de son arquebuse fit voler la porte en éclats.

Coconnas s'élança dans le cabinet, mais il alla donner du nez contre la muraille : le cabinet était vide et la fenêtre ouverte.

— Il se sera précipité, dit l'hôte; et

comme nous sommes au quatrième, il est mort.

— Ou il se sera sauvé par le toit de la maison voisine, dit Coconnas en enjambant la barre de la fenêtre et en s'apprêtant à le suivre sur ce terrain glissant et escarpé.

Mais Maurevel et La Hurière se précipitèrent sur lui, et le ramenant dans la chambre :

— Êtes-vous fou ! s'écrièrent-ils tous deux à la fois. Vous allez vous tuer.

— Bah ! dit Coconnas, je suis montagnard, moi, et habitué à courir dans les glaciers. D'ailleurs, quand un homme m'a insulté une fois, je monterais avec lui jusqu'au ciel, ou je descendrais avec lui jusqu'en enfer, quelque chemin qu'il prît pour y arriver. Laissez-moi faire.

— Allons donc ! dit Maurevel, ou il est mort, ou il est loin maintenant. Venez avec nous ; et si celui-là vous échappe, vous en trouverez mille autres à sa place.

— Vous avez raison, hurla Coconnas. Mort aux huguenots ! J'ai besoin de me venger, et le plus tôt sera le mieux.

Et tous trois descendirent l'escalier comme une avalanche.

— Chez l'amiral ! cria Maurevel.

— Chez l'amiral ! répéta La Hurière.

— Chez l'amiral, donc, puisque vous le voulez, dit à son tour Coconnas.

Et tous trois s'élancèrent de l'hôtel de la Belle-Étoile, laissé en garde à Grégoire et aux autres garçons, se dirigeant vers l'hôtel de l'amiral, situé rue de Béthisy. Une flamme brillante et le bruit des arquebusades les guidaient de ce côté.

— Eh! qui vient-là? s'écria Coconnas. Un homme sans pourpoint et sans écharpe.

— C'en est un qui se sauve, dit Maurevel.

— A vous, à vous, à vous qui avez des arquebuses, s'écria Coconnas.

— Ma foi, non, dit Maurevel; je garde ma poudre pour meilleur gibier.

— A vous, La Hurière.

— Attendez, attendez, dit l'aubergiste en ajustant.

— Ah! oui, attendez, s'écria Coconnas; et en attendant il va se sauver.

Et il s'élança à la poursuite du malheureux qu'il eut bientôt rejoint, car il était déjà blessé. Mais au moment où, pour ne pas le frapper par derrière, il lui criait : « Tourne, mais tourne donc! » un coup d'arquebuse retentit, une balle siffla aux oreilles de Coconnas, et le fugitif roula comme un lièvre atteint dans sa course la plus rapide par le plomb du chasseur.

Un cri de triomphe se fit entendre derrière Coconnas; le Piémontais se retourna, et vit La Hurière agitant son arme.

— Ah! cette fois, s'écria-t-il, j'ai étrenné au moins.

— Oui, mais vous avez manqué me percer d'outre en outre, moi.

— Prenez garde, mon gentilhomme, prenez garde, cria La Hurière.

Coconnas fit un bond en arrière. Le blessé s'était relevé sur un genou; et tout entier à la vengeance, il allait percer Coconnas de son poignard au moment même où l'avertissement de son hôte avait prévenu le Piémontais.

— Ah! vipère, s'écria Coconnas.

Et se jetant sur le blessé, il lui enfonça trois fois son épée jusqu'à la garde dans la poitrine.

— Et maintenant, s'écria Coconnas, laissant le huguenot se débattre dans les convulsions de l'agonie : chez l'amiral! chez l'amiral!

— Ah! ah! mon gentilhomme, dit Maurevel, il paraît que vous y mordez.

— Ma foi, oui, dit Coconnas. Je ne sais pas si c'est l'odeur de la poudre qui me grise ou la vue du sang qui m'excite, mais, mordi! je prends goût à la tuerie. C'est comme qui dirait une battue à l'homme. Je n'ai encore fait que des battues à l'ours ou au loup, et sur mon honneur la battue à l'homme me paraît plus divertissante.

Et tous trois reprirent leur course.

CHAPITRE VIII.

LES MASSACRÉS.

L'hôtel qu'habitait l'amiral était, comme nous l'avons dit, situé rue de Béthizy. C'était une grande maison s'élevant au fond d'une cour avec deux ailes en retour sur la rue. Un mur ouvert par une grande porte et par deux petites grilles donnait entrée dans cette cour.

Lorsque nos trois guisards atteignirent

l'extrémité de la rue Béthisy qui fait suite à la rue des Fossés-Saint-Germain-l'Auxerrois, ils virent l'hôtel entouré de Suisses, de soldats et de bourgeois en armes; tous tenaient à la main droite ou des épées, ou des piques, ou des arquebuses, et quelques-uns, à la main gauche, des flambeaux, qui répandaient sur cette scène un jour funèbre et vacillant, lequel, suivant le mouvement imprimé, s'épandait sur le pavé, montait le long des murailles ou flamboyait sur cette mer vivante où chaque arme jetait son éclair. Tout autour de l'hôtel et dans les rues Tirechape, Étienne et Bertin-Poirée, l'œuvre terrible s'accomplissait. De longs cris se faisaient entendre, la mousqueterie petillait, et de temps en temps quelque malheureux, à moitié nu, pâle, ensanglanté, passait, bondissant comme un daim poursuivi, dans un cercle de lumière funèbre où semblait s'agiter un monde de démons.

En un instant, Coconnas, Maurevel et La Hurière, signalés de loin par leurs croix blanches et accueillis par les cris de bienvenue, furent au plus épais de cette foule haletante et pressée comme une meute. Sans doute ils n'eussent pas pu passer; mais quelques-uns reconnurent Maurevel et lui firent faire place. Coconnas et La Hurière se glissèrent à sa suite; tous trois parvinrent donc à se glisser dans la cour.

Au centre de cette cour, dont les trois portes étaient enfoncées, un homme autour duquel les assassins laissaient un vide respectueux se tenait debout, appuyé sur une rapière nue, et les yeux fixés sur un balcon élevé de quinze pieds à peu près et s'étendant devant la fenêtre principale de l'hôtel. Cet homme frappait du pied avec impatience, et de temps en temps se retournait pour interroger ceux qui se trouvaient les plus proches de lui.

— Rien encore, murmura-t-il. Personne... Il aura été prévenu, il aura fui. Qu'en pensez-vous, Du Gast?

— Impossible, monseigneur.

— Pourquoi pas? Ne m'avez-vous pas dit qu'un instant avant que nous n'arrivassions, un homme sans chapeau, l'épée nue à la main, et courant comme s'il était poursuivi, était venu frapper à la porte et qu'on lui avait ouvert?

— Oui, monseigneur; mais presque aussitôt M. de Besme est arrivé, les portes ont été enfoncées, l'hôtel cerné. L'homme est bien entré, mais à coup sûr il n'a pu sortir.

— Eh! mais, dit Coconnas à La Hurière, est-ce que je me trompe, oui, n'est-ce pas M. de Guise que je vois là?

— Lui-même, mon gentilhomme. Oui, c'est le grand Henri de Guise en personne, qui attend sans doute que l'amiral sorte pour lui en faire autant que l'amiral en a fait à son père. Chacun son tour, mon gentilhomme, et, Dieu merci! c'est aujourd'hui le nôtre.

— Holà! Besme! holà! cria le duc de sa voix puissante, n'est-ce donc point encore fini?

Et de la pointe de son épée impatiente comme lui, il faisait jaillir des étincelles du pavé.

En ce moment on entendit comme des cris dans l'hôtel, puis des coups de feu, puis un grand mouvement de pieds et un bruit d'armes heurtées, auquel succéda un nouveau silence.

— Le duc fit un mouvement pour se précipiter dans la maison.

— Monseigneur, monseigneur, lui dit Du Gast en se rapprochant de lui et en l'arrêtant, votre dignité vous commande de demeurer et d'attendre.

— Tu as raison, Du Gast; merci! j'attendrai. Mais, en vérité, je meurs d'impatience et d'inquiétude. Ah! s'il m'échappait!

Tout à coup le bruit des pas se rapprocha, les vitres du premier étage s'illuminèrent de reflets pareils à ceux d'un incendie. La fenêtre sur laquelle le duc avait tant de fois levé les yeux, s'ouvrit ou plutôt vola en éclats; et un homme au visage pâle et au col blanc tout souillé de sang, apparut sur le balcon.

— Besme, cria le duc. Enfin c'est toi! Eh bien, eh bien?

— Foilà! foilà! répondit froidement l'Allemand, qui se baissant se releva presque aussitôt en paraissant soulever un poids considérable.

— Mais les autres, demanda impatiemment le duc, les autres, où sont-ils?

— Les autres, ils achèfent les autres.

— Et toi, toi! qu'as-tu fait?

— Moi, fous allez foir, regulez-vous un beu.

Le duc fit un pas en arrière.

En ce moment on put distinguer l'objet que Besme attirait à lui d'un si puissant effort. C'était le cadavre d'un vieillard. Il le souleva au-dessus du balcon, le balança un instant dans le vide, et le jeta aux pieds de son maître.

Le bruit sourd de la chute, les flots de sang qui jaillirent du corps et diaprèrent au loin le pavé, frappèrent d'épouvante jusqu'au duc lui-même; mais ce sentiment dura peu, et la curiosité fit que chacun s'avança de quelques pas, et que la lueur d'un flambeau vint trembler sur la victime.

On distingua alors une barbe blanche, un visage vénérable, et des mains roidies par la mort.

— L'amiral! s'écrièrent ensemble vingt voix qui ensemble se turent aussitôt.

— Oui, l'amiral. C'est bien lui, dit le

duc en se rapprochant du cadavre pour le contempler avec une joie silencieuse.

— L'amiral! l'amiral! répétèrent à demi-voix tous les témoins de cette terrible scène, se serrant les uns contre les autres, et se rapprochant timidement de ce grand vieillard abattu.

— Ah! te voilà donc, Gaspard! dit le duc de Guise triomphant; tu as fait assassiner mon père, je le venge!

Et il osa poser le pied sur la poitrine du héros protestant. — Mais aussitôt les yeux du mourant s'ouvrirent avec effort, sa main sanglante et mutilée se crispa une dernière fois, et l'amiral sans sortir de son immobilité dit au sacrilége d'une voix sépulcrale :

— Henri de Guise, un jour aussi tu sentiras sur ta poitrine le pied d'un assassin. Je n'ai pas tué ton père. Sois maudit!

Le duc, pâle et tremblant malgré lui, sentit un frisson de glace courir par tout son corps, il passa la main sur son front comme pour en chasser la vision lugubre; puis, quand il la laissa retomber, quand il osa reporter la vue sur l'amiral, ses yeux s'étaient refermés, sa main était redevenue inerte, et un sang noir épanché de sa bouche sur sa barbe blanche avait succédé aux terribles paroles que cette bouche venait de prononcer.

Le duc releva son épée avec un geste de résolution désespérée.

— Eh pien, montsir, lui dit Besme, êtes fous gontant?

— Oui, mon brave, oui, répliqua Henri, car tu as vengé...

— Le dugue François, n'est-ce pas?

— La religion, reprit Henri d'une voix

sourde. Et maintenant, continua-t-il en se retournant vers les Suisses, les soldats et les bourgeois qui encombraient la cour et la rue, à l'œuvre, mes amis, à l'œuvre !

— Eh, bonjour, monsieur de Besme ! dit alors Coconnas s'approchant avec une sorte d'admiration de l'Allemand, qui toujours sur le balcon essuyait tranquillement son épée.

— C'est donc vous qui l'avez expédié, cria La Hurière en extase; comment avez-vous fait cela, mon digne gentilhomme ?

— Oh! pien zimplement, pien zimplement. Il a entendu tu pruit, il avre oufert son horte, et moi ly avre passé mon rapir tans le corps à lui. Mais ce n'est bas le dout, che grois que le Teligny en dient, che l'endents grier.

En ce moment, en effet, quelques cris

de détresse qui semblaient poussés par une voix de femme se firent entendre ; des reflets rougeâtres illuminèrent une des deux ailes formant galerie. On aperçut deux hommes qui fuyaient poursuivis par une longue file de massacreurs. Une arquebusade tua l'un ; l'autre trouva sur son chemin une fenêtre ouverte, et, sans mesurer la hauteur, sans s'inquiéter des ennemis qui l'attendaient en bas, il sauta intrépidement dans la cour.

— Tuez, tuez ! crièrent les assassins en voyant leur victime prête à leur échapper.

L'homme se releva en ramassant son épée, qui dans sa chute lui était échappée des mains, prit sa course tête baissée à travers les assistants, en culbuta trois ou quatre, en perça un de son épée, et au milieu du feu des pistolades, au milieu des imprécations des soldats furieux de l'avoir manqué, il passa comme l'éclair devant Coconnas, qui l'attendait à la porte le poignard à la main.

— Touché, cria le Piémontais en lui traversant le bras de la lame fine et aiguë.

— Lâche! répondit le fugitif en fouettant le visage de son ennemi avec la lame de son épée faute d'espace pour lui donner un coup de pointe.

— Oh, mille démons! s'écria Coconnas, c'est monsieur de La Mòle!

—Monsieur de La Mole! répétèrent La Hurière et Maurevel.

— C'est celui qui a prévenu l'amiral, crièrent plusieurs soldats.

— Tue, tue... hurla-t-on de tous côtés.

Coconnas, La Hurière et dix soldats s'élancèrent à la poursuite de la Mole, qui, couvert de sang et arrivé à ce degré d'exaltation qui est la dernière réserve de la vigueur humaine, bondissait par les rues, sans autre guide que l'instinct. — Derrière lui, les pas et les cris de ses ennemis l'éperonnaient et semblaient lui donner des ailes. Parfois une balle sifflait à son oreille et imprimait tout à coup à sa course, près de se ralentir, une nouvelle rapidité. Ce n'était plus une respiration, ce n'était plus une haleine qui sortait de sa poitrine, mais un râle sourd, mais un rauque hurlement. La sueur et le sang dégouttaient de ses cheveux et coulaient confondus sur son visage.

Bientôt son pourpoint devint trop serré pour les battements de son cœur et il l'arracha. Bientôt son épée devint trop lourde pour sa main, et il la jeta loin de lui. Parfois il lui semblait que les pas s'éloignaient et qu'il était près d'échapper à ses bourreaux; mais aux cris de ceux-ci, d'autres massacreurs, qui se trouvaient sur son chemin et plus rapprochés, quittaient leur besogne sanglante et accouraient. Tout à coup il aperçut la rivière coulant silencieusement à sa gauche; il lui sembla qu'il éprouverait, comme le cerf aux abois, un indicible plaisir à s'y précipiter, et la force suprême de la raison put seule le retenir. A sa droite était le Louvre, sombre, immobile, mais plein de bruits sourds et sinistres. Sur le pont-levis entraient et sortaient des casques, des cuirasses qui renvoyaient en froids éclairs les rayons de la lune. La Mole songea au roi de Navarre, comme il avait songé à Coligny. C'étaient ses deux seuls protecteurs. Il réunit toutes ses forces, regarda le ciel en faisant tout bas le vœu d'abjurer s'il échappait au massacre, fit perdre, par un détour, une trentaine de pas à la meute qui le poursuivait, piqua droit vers le Louvre, s'élança sur le pont pêle-mêle avec les soldats, reçut un nouveau coup de poignard, qui glissa le long des côtes, et, malgré les cris de : *Tue! Tue!* qui retentissaient derrière lui et autour de lui, — malgré l'attitude offensive que prenaient les sentinelles, il se précipita comme une flèche dans la cour, bondit jusqu'au vestibule, franchit l'escalier, monta deux étages, reconnut une porte et s'y appuya en frappant des pieds et des mains.

— Qui est là? murmura une voix de femme.

— Oh! mon Dieu! mon Dieu! murmura La Mole, ils viennent... je les entends... les voilà!... je les vois... C'est moi! moi!....

— Qui vous? reprit la voix.

La Mole se rappela le mot d'ordre.

— Navarre! Navarre! cria-t-il.

Aussitôt la porte s'ouvrit; La Mole, sans voir, sans remercier Gillonne, fit irruption dans un vestibule, traversa un corridor, deux ou trois appartements, et parvint enfin dans une chambre éclairée par une lampe suspendue au plafond.

Sous des rideaux de velours fleurdelisés d'or, dans un lit de chêne sculpté, une femme à moitié nue appuyée sur son bras, ouvrait des yeux fixes d'épouvante.

La Mole se précipita vers elle.

— Madame! s'écria-t-il, on tue, on égorge mes frères; on veut me tuer, on veut m'égorger aussi. Ah! vous êtes la reine... sauvez-moi.

Et il se précipita à ses pieds, laissant sur le tapis une large trace de sang.

En voyant cet homme pâle, défait, agenouillé devant elle, la reine de Navarre se dressa épouvantée, cachant son visage entre ses mains et criant au secours.

— Madame, dit La Mole en faisant un effort pour se relever, au nom du ciel. n'appelez pas, car si l'on vous entend, je suis perdu! Des assassins me poursuivent, ils montaient les degrés derrière moi. Je les entends... les voilà! les voilà!...

— Au secours! répéta la reine de Navarre, hors d'elle; au secours!...

— Ah! c'est vous qui m'avez tué, dit La Mole au désespoir. Mourir par une si douce voix, mourir par une si belle main. Ah! j'aurais cru cela impossible!

Au même instant la porte s'ouvrit, et une meute d'hommes haletants, furieux, le visage taché de sang et de poudre, arquebuses, hallebardes et épées en arrêt, se précipita dans la chambre.

A leur tête était Coconnas; ses cheveux roux hérissés, son œil bleu, pâle, démesurément dilaté, la joue toute meurtrie par l'épée de La Mole, qui avait tracé sur les chairs son sillon sanglant : ainsi défiguré, le Piémontais était terrible à voir.

— Mordi! cria-t-il, le voilà, le voilà! Ah! cette fois, nous le tenons, enfin!

De La Mole chercha autour de lui une

arme et n'en trouva point. Il jeta les yeux sur la reine et vit la plus profonde pitié peinte sur son visage. Alors il comprit qu'elle seule pouvait le sauver, se précipita vers elle et l'enveloppa dans ses bras.

Coconnas fit trois pas en avant, et de la pointe de sa longue rapière troua encore une fois l'épaule de son ennemi, et quelques gouttes de sang tiède et vermeil diaprèrent comme une rosée les draps blancs et parfumés de Marguerite.

Marguerite vit couler le sang, Marguerite sentit frissonner ce corps enlacé au sien, elle se jeta avec lui dans la ruelle. Il était temps. De La Mole, au bout de sa force, était incapable de faire un mouvement ni pour fuir, ni pour se défendre. Il appuya sa tête livide sur l'épaule de la jeune femme, et ses doigts crispés se cramponnèrent, en la déchirant, à la fine batiste brodée qui couvrait d'un flot de gaze le corps de Marguerite.

— Ah! madame! murmura-t-il d'une voix mourante; sauvez-moi! Ce fut tout ce qu'il put dire. Son œil voilé par un nuage pareil à la nuit de la mort s'obscurcit; sa tête alourdie retomba en arrière, ses bras se détendirent, ses reins plièrent et il glissa sur le plancher dans son propre sang entraînant la reine avec lui.

En ce moment Coconnas, exalté par les cris, enivré par l'odeur du sang, exaspéré par la course ardente qu'il venait de faire, allongea le bras vers l'alcôve royale. Un instant encore et son épée perçait le cœur de La Mole, et peut-être en même temps celui de Marguerite.

À l'aspect de ce fer nu, et peut-être plutôt encore à la vue de cette insolence brutale, la fille des rois se releva de toute sa taille et poussa un cri tellement empreint d'épouvante, d'indignation et de rage, que le Piémontais demeura pétrifié par un sentiment inconnu : il est vrai que si cette scène se fût prolongée renfermée entre les mêmes acteurs, ce sentiment allait se fondre comme une neige matinale au soleil d'avril.

Mais tout à coup, par une porte cachée dans la muraille, s'élança un jeune homme de seize à dix-sept ans, vêtu de noir, pâle et les cheveux en désordre.

— Attends, ma sœur, attends, cria-t-il, me voilà ! me voilà !

— François! François! à mon secours! dit Marguerite.

— Le duc d'Alençon! murmura La Hurière en baissant son arquebuse.

— Mordi, un fils de France! grommela Coconnas en reculant d'un pas.

Le duc d'Alençon jeta un regard autour de lui. Il vit Marguerite échevelée, plus belle que jamais, appuyée à la muraille, entourée d'hommes la fureur dans les yeux, la sueur au front, l'écume à la bouche.

— Misérables! s'écria-t-il.

— Sauvez-moi, mon frère! dit Marguerite épuisée. Ils veulent m'assassiner.

Une flamme passa sur le visage pâle du duc.

Quoiqu'il fût sans armes, soutenu sans doute par la conscience de son rang il s'avança, les poings crispés, contre Coconnas et ses compagnons, qui reculèrent épouvantés devant les éclairs qui jaillissaient de ses yeux.

— Assassinerez-vous aussi un fils de France? voyons! dit-il.

Puis, comme ils continuaient de reculer devant lui :

— Çà, mon capitaine des gardes, venez ici, et qu'on me pende tous ces brigands!

Plus effrayé à la vue de ce jeune homme sans armes qu'il ne l'eût été à l'aspect d'une compagnie de reîtres ou de lansquenets, Coconnas avait déjà gagné la porte. La Hurière redescendait les degrés avec des jambes de cerf, les soldats s'entrechoquaient et se culbutaient dans le vestibule pour fuir au plus tôt, trouvant la porte trop étroite comparée au grand désir qu'ils avaient d'être dehors.

Pendant ce temps Marguerite avait instinctivement jeté sur le jeune homme évanoui sa couverture de damas, et s'était éloignée de lui.

Quand le dernier meurtrier eut disparu, le duc d'Alençon se retourna.

— Ma sœur, s'écria-t-il en voyant Marguerite toute marbrée de sang, serais-tu blessée?

Et il s'élança vers sa sœur avec une inquiétude qui eût fait honneur à sa tendresse, si cette tendresse n'eût pas été accusée d'être plus grande qu'il ne convenait à un frère.

— Non, dit-elle, je ne le crois pas, ou, si je le suis, c'est légèrement.

— Mais ce sang, dit le duc en parcourant de ses mains tremblantes tout le corps de Marguerite; ce sang, d'où vient-il?

— Je ne sais, dit la jeune femme. Un de ces misérables a porté la main sur moi, peut-être était-il blessé?

— Porté la main sur ma sœur! s'écria le duc. Oh, si tu me l'avais seulement montré du doigt, si tu m'avais dit lequel, si je savais où le retrouver!...

— Chut! dit Marguerite.

— Et pourquoi cela? dit François.

— Parce que si l'on vous voyait à cette heure dans ma chambre...

— Un frère ne peut-il pas visiter sa sœur, Marguerite?

La reine arrêta sur le duc d'Alençon un regard si fixe et cependant si menaçant, que le jeune homme recula.

— Oui, oui, Marguerite, dit-il, tu as raison; — oui, je rentre chez moi. Mais tu ne peux rester seule pendant cette nuit terrible. Veux-tu que j'appelle Gillonne?

— Non, non, personne ; va-t'en, François ; va-t'en par où tu es venu.

Le jeune prince obéit ; et à peine eut-il disparu, que Marguerite, entendant un soupir qui venait de derrière son lit, s'élança vers la porte du passage secret, la ferma au verrou, puis courut à l'autre porte, qu'elle ferma de même, juste au moment où un gros d'archers et de soldats qui poursuivaient d'autres huguenots logés dans le Louvre passaient comme un ouragan à l'extrémité du corridor.

Alors, après avoir regardé avec attention autour d'elle pour voir si elle était bien seule, elle revint vers la ruelle de son lit, souleva la couverture de damas qui avait dérobé le corps de La Mole aux regards du duc d'Alençon, tira avec effort la masse inerte dans la chambre, et, voyant que le malheureux respirait encore, elle s'assit, appuya sa tête sur ses genoux, et lui jeta de l'eau au visage pour le faire revenir.

Ce fut alors seulement que l'eau écartant le voile de poussière, de poudre et de sang qui couvrait la figure du blessé, Marguerite reconnut en lui ce beau gentilhomme qui, plein d'existence et d'espoir, était trois ou quatre heures auparavant venu lui demander sa protection près du roi de Navarre, et l'avait, en la laissant rêveuse elle-même, quittée ébloui de sa beauté.

Marguerite jeta un cri d'effroi, car maintenant, ce qu'elle ressentait pour le blessé c'était plus que de la pitié, c'était de l'intérêt ; en effet, le blessé pour elle n'était plus un simple étranger, c'était presqu'une connaissance. Sous sa main le beau visage de La Mole reparut bientôt tout entier, mais pâle, alangui par la douleur; elle mit avec un frisson mortel et presque aussi pâle que lui la main sur son cœur, son cœur battait encore. Alors elle étendit cette main vers un flacon de sels qui se trouvait sur une table voisine et le lui fit respirer.

La Mole ouvrit les yeux.

— Oh, mon Dieu! murmura-t-il, où suis-je ?

— Sauvé ! Rassurez-vous. Sauvé ! dit Marguerite.

La Mole tourna avec effort son regard vers la reine, la dévora un instant des yeux et balbutia :

— Oh, que vous êtes belle !

Et, comme ébloui, il referma aussitôt la paupière en poussant un soupir.

Marguerite jeta un léger cri. Le jeune homme avait pâli encore, si c'était possible; et elle crut un instant que ce soupir était le dernier.

— Oh! mon Dieu, mon Dieu! dit-elle, ayez pitié de lui !

— En ce moment on heurta violemment à la porte du corridor.

Marguerite se leva à moitié, soutenant La Mole par dessous l'épaule.

— Qui va là ? cria-t-elle.

— Madame, madame, c'est moi, moi ! cria une voix de femme. — Moi, la duchesse de Nevers.

— Henriette ! s'écria Marguerite. — Oh !

il n'y a pas de danger, c'est une amie, entendez-vous, monsieur?

La Mole fit un effort et se souleva sur un genou.

— Tâchez de vous soutenir tandis que je vais ouvrir la porte, dit la reine.

La Mole appuya sa main à terre, et parvint à garder l'équilibre.

Marguerite fit un pas vers la porte; mais elle s'arrêta tout à coup, frémissant d'effroi.

— Ah! tu n'es pas seule? s'écria-t-elle, en entendant un bruit d'armes.

— Non, je suis accompagnée de douze gardes que m'a laissés mon beau-frère M. de Guise.

— M. de Guise! murmura La Mole. Oh! l'assassin! l'assassin!

— Silence, dit Marguerite, pas un mot.

Et elle regarda tout autour d'elle pour voir où elle pourrait cacher le blessé.

— Une épée, un poignard? murmurait La Mole.

— Pour vous défendre? inutile; n'avez-vous pas entendu? ils sont douze et vous êtes seul.

— Non pas pour me défendre, mais pour ne pas tomber vivant entre leurs mains.

— Non, non, dit Marguerite, non, je vous sauverai. — Ah, ce cabinet! venez, venez.

La Mole fit un effort, et soutenu par Marguerite, il se traîna jusqu'au cabinet. Marguerite referma la porte derrière lui, et serrant la clef dans son aumônière : — Pas un cr', pas une plainte, pas un soupir, lui glissa-t-elle à travers le lambris, et vous êtes sauvé.

Puis jetant un manteau de nuit sur ses épaules, elle alla ouvrir à son amie qui se précipita dans ses bras.

— Ah! dit-elle, il ne vous est rien arrivé, n'est-ce pas, madame?

— Non, rien, dit Marguerite, croisant son manteau pour qu'on ne vît point les taches de sang qui maculaient son peignoir.

— Tant mieux ; mais en tout cas, comme M. le duc de Guise m'a donné douze gardes pour me reconduire à son hôtel, et que je n'ai pas besoin d'un si grand cortége, j'en laisse six à votre majesté. Six gardes du duc de Guise valent mieux cette nuit qu'un régiment entier des gardes du roi.

Marguerite n'osa refuser; elle installa

ses six gardes dans le corridor, et embrassa la duchesse, qui avec les six autres, regagna l'hôtel du duc de Guise, qu'elle habitait en l'absence de son mari.

CHAPITRE IX.

LES MASSACREURS.

Coconnas n'avait pas fui, il avait fait retraite. La Hurière n'avait pas fui, il s'était précipité. L'un avait disparu à la manière du tigre, l'autre à celle du loup.

Il en résulta que La Hurière se trouvait déjà sur la place Saint-Germain-l'Auxerrois, que Coconnas ne faisait encore que sortir du Louvre.

La Hurière, se voyant seul avec son arquebuse au milieu des passants qui couraient, des balles qui sifflaient et de cadavres qui tombaient des fenêtres, les uns entiers, les autres par morceaux, commença à avoir peur et à chercher prudemment à regagner son hôtellerie; mais comme il débouchait dans la rue de l'Arbresec par la rue d'Averon, il tomba dans une troupe de Suisses et de chevau-légers: c'était celle que commandait Maurevel.

— Eh bien! s'écria celui qui s'était baptisé lui-même du nom de Tueur de roi, vous avez déjà fini? Vous rentrez, mon hôte? et que diable avez-vous fait de notre gentilhomme piémontais? il ne lui est pas arrivé malheur? Ce serait dommage, car il allait bien.

— Non pas, que je pense, reprit La Hurière, et j'espère qu'il va nous rejoindre.

— D'où venez-vous?

— Du Louvre, où je dois dire qu'on nous a reçus assez rudement.

— Et qui cela?

— M. le duc d'Alençon. Est-ce qu'il n'en est pas, lui?

—Monseigneur le duc d'Alençon n'est de rien que de ce qui le touche personnellement; proposez-lui de traiter ses deux frères aînés en huguenots, et il en sera : pourvu toutefois que la besogne se fasse sans le compromettre. — Mais n'allez-vous point avec ces braves gens, maître La Hulière?

— Et où vont-ils?

— Oh, mon Dieu! rue Montorgueil, il y a là un ministre huguenot de ma connaissance; il y a une femme et six enfants. Ces hérétiques engendrent énormément. Ce sera curieux.

— Et vous, où allez-vous?

— Oh, moi! je vais à une affaire particulière.

— Dites donc, n'y allez pas sans moi, dit une voix qui fit tressaillir Maurevel, vous connaissez les bons endroits et je veux en être.

— Ah, c'est notre Piémontais! dit Maurevel.

— C'est M. de Coconnas, dit La Hurière. Je croyais que vous me suiviez.

— Peste! vous détalez trop vite pour cela; et puis, je me suis un peu détourné de la ligne droite pour aller jeter à la rivière un affreux enfant qui criait : — A bas les papistes, vive l'amiral! Malheureusement, je crois que le drôle savait nager. Ces misérables parpaillots, si on veut les noyer, il faudra les jeter à l'eau comme les chats, avant qu'ils ne voient clair.

— Ah çà ! vous dites que vous veniez du Louvre. Votre huguenot s'y était donc réfugié? demanda Maurevel.

— Oh! mon Dieu, oui.

— Je lui ai envoyé un coup de pistolet au moment où il ramassait son épée dans la cour de l'amiral; mais, je ne sais comment cela s'est fait, je l'ai manqué.

— Oh, moi ! dit Coconnas, je ne l'ai pas manqué : je lui ai donné de mon épée dans le dos, que la lame en était humide à cinq pouces de la pointe. D'ailleurs je l'ai vu tomber dans les bras de madame Marguerite, jolie femme, mordi! Cependant, j'avoue que je ne serais pas fâché d'être tout à-fait sûr qu'il est mort. Ce gaillard-là m'avait l'air d'être d'un caractère fort rancunier, et il serait capable de m'en vouloir toute sa vie. Mais ne disiez-vous pas que vous alliez quelque part?

— Vous tenez donc à venir avec moi?

— Je tiens à ne pas rester en place, mordi! Je n'en ai encore tué que trois ou quatre, et quand je me refroidis, mon épaule me fait mal. En route! en route!

— Capitaine, dit Maurevel au chef de la troupe, donnez-moi trois hommes et allez expédier votre ministre avec le reste.

Trois Suisses se détachèrent et vinrent se joindre à Maurevel. Les deux troupes cependant marchèrent côte à côte jusqu'à la hauteur de la rue Tirechappe; là les chevau-légers et les Suisses prirent la rue de la Tonnellerie, tandis que Maurevel, Coconnas, La Hurière et ses trois hommes suivaient la rue de La Ferronnerie, prenaient la rue Trousse-Vache et gagnaient la rue Sainte-Avoie.

— Mais où diable nous conduisez-vous? dit Coconnas, que cette longue marche sans résultat commençait à ennuyer.

— Je vous conduis à une expédition brillante et utile à la fois. Après l'amiral, après Téligny, après les princes huguenots, je ne pouvais rien vous offrir de mieux. Prenez donc patience. C'est rue du Chaume où nous avons affaire, et dans un instant nous allons y être.

— Dites-moi, demanda Coconnas, la rue du Chaume n'est-elle pas proche du Temple?

— Oui, pourquoi ?

— Ah ! c'est qu'il y a là un vieux créancier de notre famille, un certain Lambert Mercandon, auquel mon père m'a recommandé de rendre cent nobles à la rose que j'ai là à cet effet dans ma poche.

— Eh bien ! dit Maurevel, voilà une belle occasion de vous acquitter envers lui.

— Comment cela ?

— C'est aujourd'hui le jour où l'on règle ses vieux comptes. Votre Mercandon est-il huguenot ?

— Oh ! oh ! fit Coconnas, je comprends, il doit l'être.

— Chut ! nous sommes arrivés.

— Quel est ce grand hôtel avec son pavillon sur la rue ?

— L'hôtel de Guise.

— En vérité, dit Coconnas, je ne pouvais pas manquer de venir ici puisque j'arrive à Paris sous le patronage du grand Henri. Mais, mordi! tout est bien tranquille dans ce quartier-ci, mon cher, c'est tout au plus si on y entend le bruit des arquebusades, on se croirait en province ; tout le monde dort, ou que le diable m'emporte!

En effet, l'hôtel de Guise lui-même semblait aussi tranquille que dans les temps ordinaires. Toutes les fenêtres en étaient fermées, et une seule lumière brillait derrière la jalousie de la fenêtre principale du pavillon qui avait, lorsqu'il était entré dans la rue, attiré l'attention de Coconnas.

Un peu au delà de l'hôtel de Guise, c'est à dire au coin de la rue du Petit-Chantier et de celle des Quatre-Fils, Maurevel s'arrêta.

— Voici le logis de celui que nous cherchons, dit-il.

— De celui que vous cherchez, c'est à dire? fit La Hurière.

— Puisque vous m'accompagnez, nous le cherchons.

— Comment ! cette maison qui semble dormir d'un si bon sommeil...

— Justement ! Vous, La Hurière, vous allez utiliser l'honnête figure que le ciel vous a donnée par erreur, en frappant à cette maison. Passez votre arquebuse à M. de Coconnas, il y a une heure que je vois qu'il la lorgne. Si vous êtes introduit, vous demanderez à parler au seigneur de Mouy.

— Ah, ah! fit Coconnas, je comprends :

vous avez aussi un créancier dans le quartier du Temple, à ce qu'il paraît.

—Justement, continua Maurevel. Vous monterez donc en jouant le huguenot, vous avertirez de Mouy de tout ce qui se passe ; il est brave, il descendra...

— Et une fois descendu ? demanda La Hurière.

— Une fois descendu, je le prierai d'aligner son épée avec la mienne.

— Sur mon âme, c'est d'un brave gentilhomme, dit Coconnas, et je compte faire exactement la même chose avec Lambert Mercadon ; et s'il est trop vieux pour accepter, ce sera avec quelqu'un de ses fils ou de ses neveux.

La Hurière alla sans répliquer frapper à la porte ; ses coups, retentissant dans le silence de la nuit, firent ouvrir les portes de l'hôtel de Guise, et sortir quelques têtes par ses ouvertures : on vit alors que l'hôtel était calme à la manière des citadelles, c'est-à-dire parce qu'il était plein de soldats.

Ces têtes rentrèrent presque aussitôt, devinant sans doute de quoi il était question.

— Il loge donc là, votre M. de Mouy? dit Coconnas montrant la maison où La Hurière continuait de frapper.

— Non, c'est le logis de sa maîtresse.

— Mordi! quelle galanterie vous lui faites! lui fournir l'occasion de tirer l'épée sous les yeux de sa belle! Alors, nous serons les juges du camp. Cependant, j'aimerais assez à me battre moi-même. Mon épaule me brûle.

— Et votre figure, demanda Maurevel, elle est aussi fort endommagée?

Coconnas poussa une espèce de rugissement.

— Mordi! dit-il, j'espère qu'il est mort; ou sans cela je crois que je retournerais au Louvre pour l'achever.

La Hurière frappait toujours.

Bientôt une fenêtre du premier étage s'ouvrit, et un homme parut sur le balcon en bonnet de nuit, en caleçon et sans armes.

— Qui va là? cria cet homme.

Maurevel fit un signe à ses Suisses, qui se rangèrent sous une encoignure tandis que Coconnas s'aplatissait de lui-même contre la muraille.

— Ah, monsieur de Mouy! dit l'aubergiste de sa voix câline, est-ce vous?

— Oui, c'est moi ; après ?

— C'est bien lui, murmura Maurevel en frémissant de joie.

— Eh, monsieur! continua La Hurière, ne savez-vous point ce qui se passe! On égorge M. l'amiral, on tue les religionnaires nos frères. Venez vite à leur aide, venez.

— Ah! s'écria de Mouy, je me doutais bien qu'il se tramait quelque chose pour cette nuit. Ah! je n'aurais pas dû quitter mes braves camarades. Me voici, mon ami, me voici, attendez-moi !

Et sans refermer la fenêtre, par laquelle sortirent quelques cris de femmes effrayées, quelques supplications tendres, M. de Mouy chercha son pourpoint, son manteau et ses armes.

— Il descend, il descend! murmura

Maurevel pâle de joie. Attention, vous autres! glissa-t-il dans l'oreille des Suisses; puis retirant l'arquebuse des mains de Coconnas et soufflant sur la mèche pour s'assurer qu'elle était toujours bien allumée : Tiens, La Hurière, ajouta-t-il à l'aubergiste, qui avait fait retraite vers le gros de la troupe, reprends ton arquebuse.

— Mordi! s'écria Coconnas, voici la lune qui sort d'un nuage pour être témoin de cette belle rencontre. Je donnerais beaucoup pour que Lambert Mercandon fût ici et servît de second à M. de Mouy.

— Attendez, attendez! dit Maurevel. M. de Mouy vaut dix hommes à lui tout seul, et nous en aurons peut-être assez à nous six à nous débarrasser de lui. Avancez, vous autres, continua Maurevel en faisant signe aux Suisses de se glisser contre la porte, afin de le frapper quand il sortira.

— Oh, oh! dit Coconnas en regardant ces préparatifs, il paraît que cela ne se passera point tout à fait comme je m'y attendais.

Déjà on entendait le bruit de la barre que tirait de Mouy. Les Suisses étaient sortis de leur cachette pour prendre leur place près de la porte. Maurevel et La Hurière s'avançaient sur la pointe du pied, tandis que, par un reste de gentilhommerie, Coconnas restait à sa place, lorsque la jeune femme, à laquelle on ne pensait plus, parut à son tour au balcon et poussa un cri terrible en apercevant les Suisses, Maurevel et La Hurière.

De Mouy, qui avait déjà entr'ouvert la porte, s'arrêta.

— Remonte, remonte, cria la jeune femme; je vois reluire des épées, je vois briller la mêche d'une arquebuse. C'est un guet-apens.

— Oh, oh! reprit en grondant la voix du jeune homme; voyons un peu ce que veut dire tout ceci.

Et il referma la porte, remit la barre, repoussa le verrou et remonta.

L'ordre de bataille de Maurevel fut changé dès qu'il vit que de Mouy ne sortirait point. Les Suisses allèrent se poster de l'autre côté de la rue, et La Hurière son arquebuse au poing attendit que l'ennemi reparût à la fenêtre. Il n'attendit pas long-temps. De Mouy s'avança précédé de deux pistolets d'une longueur si respectable, que La Hurière, qui le couchait déjà en joue, réfléchit soudain que les balles du huguenot n'avaient pas plus de chemin à faire pour arriver dans la rue que sa balle à lui n'en avait pour arriver au balcon. — Certes, se dit-il, je puis tuer ce gentilhomme, mais aussi ce gentilhomme peut me tuer du même coup.

Or, comme, au bout du compte, maître La Hurière, aubergiste de son état, n'était soldat que par circonstance, cette réflexion le détermina à faire retraite et à chercher un abri à l'angle de la rue de Braque, assez éloignée pour qu'il eût quelque difficulté à trouver de là avec une certaine certitude, surtout la nuit, la ligne que devait suivre sa balle pour arriver jusqu'à de Mouy.

De Mouy jeta un coup d'œil autour de lui et s'avança en s'effaçant comme un homme qui se prépare à un duel; mais voyant que rien ne venait :

— Çà, dit-il, il paraît, monsieur le donneur d'avis, que vous avez oublié votre arquebuse à ma porte. Me voilà, que me voulez-vous ?

— Ah, ah ! se dit Coconnas, voici en effet un brave.

— Eh bien ! continua de Mouy, amis ou ennemis, qui que vous soyez, ne voyez-vous pas que j'attends ?

La Hurière garda le silence. Maurevel ne répondit point, et les trois Suisses demeurèrent cois.

Coconnas attendit un instant; puis, voyant que personne ne soutenait la conversation entamée par La Hurière et continuée par de Mouy, il quitta son poste, s'avança jusqu'au milieu de la rue, et mettant le chapeau à la main :

— Monsieur, dit-il, nous ne sommes

point ici pour un assassinat, comme vous pourriez le croire, mais pour un duel... J'accompagne un de vos ennemis qui voudrait avoir affaire à vous pour terminer galamment une vieille discussion. Eh, mordi ! avancez donc, monsieur de Maurevel, au lieu de tourner le dos, monsieur accepte.

— Maurevel ! s'écria de Mouy ; Maurevel, l'assassin de mon père! Maurevel, le tueur de roi ! Ah ! pardieu oui, j'accepte.

Et ajustant Maurevel, qui allait frapper à l'hôtel de Guise pour y chercher du renfort, il perça son chapeau d'une balle.

Au bruit de l'explosion, aux cris de Maurevel, les gardes qui avaient ramené la duchesse de Nevers sortirent accompagnés de trois ou quatre gentilshommes suivis de leurs pages, et s'avancèrent vers la maison de la maîtresse du jeune de Mouy.

Un second coup de pistolet tiré au milieu de la troupe fit tomber mort le soldat qui se trouvait le plus proche de Maurevel, après quoi de Mouy se trouvant sans armes, ou du moins avec des armes inutiles, puisque ses pistolets étaient déchargés, et que ses adversaires étaient hors de la portée de l'épée, s'abrita derrière la galerie du balcon.

Cependant, çà et là les fenêtres commençaient de s'ouvrir aux environs, et, selon l'humeur pacifique ou belliqueuse de leurs habitants, se refermaient ou se hérissaient de mousquets ou d'arquebuses.

— A moi, mon brave Mercandon! s'écria de Mouy en faisant signe à un homme déjà vieux, qui, d'une fenêtre qui venait de s'ouvrir en face de l'hôtel de Guise, cherchait à voir quelque chose dans cette confusion.

— Vous appelez, sire de Mouy! cria le vieillard; est-ce à vous qu'on en veut?

— C'est à moi, c'est à vous, c'est à tous les protestants ; et tenez, en voilà la preuve.

En effet, en ce moment de Mouy avait vu se diriger contre lui l'arquebuse de La Hurière. Le coup partit; mais le jeune homme eut le temps de se baisser, et la balle alla briser une vitre au-dessus de sa tête.

— Mercandon! s'écria Coconnas, qui, à la vue de cette bagarre tressaillait de plaisir et avait oublié son créancier, mais à qui cette apostrophe de de Mouy le rappelait;

Mercandon, rue du Chaume, c'est bien cela! Ah! il demeure là, c'est bon; nous allons avoir affaire chacun à notre homme.

Et tandis que les gens de l'hôtel de Guise enfonçaient les portes de la maison où était de Mouy; tandis que Maurevel, un flambeau à la main, essayait d'incendier la maison; tandis que, les portes une fois brisées, un combat terrible s'engageait contre un seul homme qui à chaque coup de pistolet ou à chaque coup de rapière abattait son ennemi, Coconnas essayait, à l'aide d'un pavé, d'enfoncer la porte de Mercandon, qui, sans s'inquiéter de cet effort solitaire, arquebusait de son mieux à sa fenêtre.

Alors tout ce quartier désert et obscur se trouva illuminé comme en plein jour, peuplé comme l'intérieur d'une fourmilière ; car, de l'hôtel de Montmorency, six ou huit gentilshommes huguenots, avec leurs serviteurs et leurs amis, venaient de faire une charge furieuse, et commençaient, soutenus par le feu des fenêtres, à faire reculer les gens de Maurevel et ceux de l'hôtel de Guise, qu'ils finirent par acculer à l'hôtel d'où ils étaient sortis.

Coconnas, qui n'avait point encore achevé d'enfoncer la porte de Mercandon, quoiqu'il s'escrimât de tout son cœur, fut pris dans ce brusque refoulement. S'adossant alors à la muraille et mettant l'épée à la main, il commença non-seulement à se défendre, mais encore à attaquer avec des cris si terribles qu'il dominait toute cette mêlée. Il ferrailla ainsi de droite et de gauche, frappant amis et ennemis jusqu'à ce qu'un large vide se fût opéré autour de lui. A mesure que sa rapière trouait une poitrine et que le sang tiède éclaboussait ses mains et son visage, lui, l'œil dilaté, les narines ouvertes, les dents serrées, regagnait le terrain perdu et se rapprochait de la maison assiégée.

De Mouy, après un combat terrible livré dans l'escalier et le vestibule, avait fini par sortir en véritable héros de sa maison brûlante. Au milieu de toute cette lutte, il n'avait pas cessé de crier : A moi, Maurevel ! Maurevel, où es-tu ? l'insultant par les épithètes les plus injurieuses. Il apparut enfin dans la rue, soutenant d'un bras sa maîtresse, à moitié nue et presque évanouie, et tenant un poignard entre ses dents. Son épée flamboyante par le mouvement de rotation qu'il lui imprimait, traçait des cercles blancs ou rouges selon que la lune en argentait la lame ou qu'un flambeau en faisait reluire l'humidité sanglante. Maurevel avait fui. La Hurière, repoussé par de Mouy jusqu'à Coconnas, qui ne le reconnaissait pas et le recevait à la pointe de son épée, demandait grâce des deux côtés. En ce moment, Mercandon l'aperçut, le reconnut à son écharpe blanche pour un massacreur. Le coup partit. La Hurière jeta un cri, étendit les bras, laissa échapper son arquebuse, et, après avoir essayé de gagner la muraille pour se retenir à quelque chose, tomba la face contre terre.

De Mouy profita de cette circonstance, se jeta dans la rue de Paradis et disparut.

La résistance des huguenots avait été

telle, que les gens de l'hôtel de Guise repoussés étaient rentrés et avaient fermé les portes de l'hôtel dans la crainte d'être assiégés et pris chez eux.

Coconnas, ivre de sang et de bruit, arrivé à cette exaltation où, pour les gens du Midi surtout, le courage se change en folie, n'avait rien vu, rien entendu. Il remarqua seulement que ses oreilles tintaient moins fort, que ses mains et son visage se séchaient un peu, et, abaissant la pointe de son épée, il ne vit plus près de lui qu'un homme couché, la face noyée dans un ruisseau rouge, et autour de lui que des maisons qui brûlaient.

Ce fut une bien courte trêve, car au moment où il allait s'approcher de cet homme, qu'il croyait reconnaître pour La Hurière, la porte de la maison, qu'il avait vainement essayé de briser à coups de pavés, s'ouvrit, et le vieux Mercandon, suivi de son fils et de ses deux neveux, fondit sur le Piémontais occupé à reprendre haleine.

— Le voilà, le voilà! s'écrièrent-ils tout d'une voix.

Coconnas se trouvait au milieu de la rue, et, craignant d'être entouré par ces quatre hommes qui l'attaquaient à la fois, il fit, avec la vigueur d'un de ces chamois qu'il avait si souvent poursuivis dans les montagnes, un bond en arrière et se trouva adossé à la muraille de l'hôtel de Guise. Une fois tranquillisé sur les surprises, il se remit en garde et redevint railleur.

— Ah, ah! père Mercandon! dit-il, vous ne me reconnaissez pas!

— Oh, misérable! s'écria le vieux huguenot, je te reconnais bien au contraire;

tu m'en veux! à moi l'ami, le compagnon de ton père!

— Et son créancier, n'est-ce pas?

— Oui, son créancier, puisque c'est toi qui le dis.

— Eh bien! justement, répondit Coconnas, je viens régler nos comptes.

— Saisissons-le, lions-le, dit le vieillard aux jeunes gens qui l'accompagnaient, et qui à sa voix s'élancèrent contre la muraille.

— Un instant, un instant! dit en riant Coconnas. Pour arrêter les gens il vous faut une prise de corps, et vous avez négligé de la demander au prévôt.

Et à ces paroles il engagea l'épée avec celui des jeunes gens qui se trouvait le plus proche de lui, et au premier dégagement lui abattit le poignet avec sa rapière.

Le malheureux se recula en hurlant.

— Et d'un! dit Coconnas.

Au même instant, la fenêtre sous laquelle Coconnas avait cherché un abri s'ouvrit en grinçant. Coconnas fit un soubresaut, craignant une attaque de ce côté; mais, au lieu d'un ennemi, ce fut une femme qu'il aperçut; au lieu de l'arme meurtrière qu'il s'apprêtait à combattre, ce fut un bouquet qui tomba à ses pieds.

— Tiens, une femme! dit-il.

Il salua la dame de son épée et se baissa pour ramasser le bouquet.

— Prenez garde, brave catholique, prenez garde, s'écria la dame.

Coconnas se releva, mais pas si rapidement que le poignard du second neveu ne fendît son manteau et n'entamât l'autre épaule.

La dame jeta un cri perçant.

Coconnas la remercia et la rassura d'un même geste, s'élança sur le second neveu, qui rompit; mais au second appel son pied de derrière glissa dans le sang. Coconnas s'élança sur lui avec la rapidité d'un chat-tigre, et lui traversa la poitrine de son épée.

— Bien, bien, brave cavalier! cria la dame de l'hôtel de Guise, bien! je vous envoie du secours.

— Ce n'est point la peine de vous déranger pour cela, madame! dit Coconnas. Regardez plutôt jusqu'au bout, si la chose vous intéresse, et vous allez voir comment le comte Annibal de Coconnas accommode les huguenots.

En ce moment le fils du vieux Mercandon tira presque à bout portant un coup de pistolet à Coconnas, qui tomba sur un genou. La dame de la fenêtre poussa un cri, mais Coconnas se releva; il ne s'était agenouillé que pour éviter la balle, qui alla trouer le mur à deux pieds de la belle spectatrice.

Presqu'en même temps, de la fenêtre du logis de Mercandon partit un cri de rage, et une vieille femme, qui à sa croix et à son écharpe blanche reconnut Coconnas pour un catholique, lui lança un pot de fleurs qui l'atteignit au-dessus du genou.

— Bon! dit Coconnas; l'une me jette les fleurs, l'autre les pots. Si cela continue, on va démolir les maisons.

— Merci, ma mère, merci! cria le jeune homme.

— Va, femme, va! dit le vieux Mercandon, mais prends garde à nous!

— Attendez, monsieur de Coconnas, attendez, dit la jeune dame de l'hôtel de Guise ; je vais faire tirer aux fenêtres.

— Ah çà! c'est donc un enfer de femmes, dont les unes sont pour moi et les autres contre moi! dit Coconnas. Mordi! finissons-en.

La scène, en effet, était bien changée, et tirait évidemment à son dénoûment. En face de Coconnas, blessé il est vrai, mais dans toute la vigueur de ses vingt-quatre ans, mais habitué aux armes, mais irrité plutôt qu'affaibli par les trois ou quatre égratignures qu'il avait reçues, il ne restait plus que Mercandon et son fils : Mercandon, vieillard de soixante à soixante-dix ans ; son fils, enfant de seize à dix-huit ans : ce dernier, pâle, blond et frêle, avait jeté son pistolet déchargé et, par conséquent, devenu inutile, et agitait en tremblant une épée de moitié moins longue que celle du Piémontais ; le père, armé seulement d'un poignard et d'une arquebuse vide, appelait au secours. Une vieille femme, à la fenêtre en face, la mère du jeune homme, tenait à la main un morceau de marbre et s'apprêtait à le lancer. Enfin Coconnas, excité d'un côté par les menaces, de l'autre par les encouragements, fier de sa double victoire, enivré de poudre et de sang, éclairé par la réverbération d'une maison en flammes, exalté par l'idée qu'il combattait sous les yeux d'une femme dont la beauté lui avait semblé si supérieure que son rang lui paraissait incontestable ; Coconnas, comme le dernier des Horaces, avait senti doubler ses forces, et, voyant le jeune homme hésiter, il courut à lui et croisa sur sa petite épée sa terrible et sanglante rapière. Deux coups suffirent pour la lui faire sauter des mains. Alors Mercandon chercha à repousser Coconnas, pour que les projectiles lancés de la fenêtre l'atteignissent plus sûrement. Mais Coconnas, au contraire, pour paralyser la double attaque du vieux Mercandon, qui essayait de le percer de son poignard, et de la mère du jeune homme, qui tentait de lui briser la tête avec la pierre qu'elle s'apprêtait à lui lancer, saisit son adversaire à bras-le-corps, le présentant à tous les coups comme un bouclier, et l'étouffant dans son étreinte herculéenne.

— A moi, à moi! s'écria le jeune homme, il me brise la poitrine! à moi, à moi !

Et sa voix commença de se perdre dans un râle sourd et étranglé.

Alors, Mercandon cessa de menacer, il supplia.

— Grâce, grâce, dit-il, monsieur de Coconnas ! grâce ! c'est mon unique enfant !

— C'est mon fils, c'est mon fils, cria la mère, l'espoir de notre vieillesse ! ne le tuez pas, monsieur ! ne le tuez pas !

— Ah, vraiment ! cria Coconnas en éclatant de rire, que je ne le tue pas ! et que voulait-il donc me faire avec son épée et son pistolet !

— Monsieur, continua Mercandon en joignant les mains, j'ai chez moi l'obligation souscrite par votre père, je vous la rendrai ; j'ai dix mille écus d'or, je vous les donnerai ; j'ai les pierreries de notre famille, et elles seront à vous ; mais ne le tuez pas, ne le tuez pas !

— Et moi, j'ai mon amour, dit à demi-voix la femme de l'hôtel de Guise, et je vous le promets.

Coconnas réfléchit une seconde, et soudain :

— Êtes-vous huguenot ? demanda-t-il au jeune homme.

— Je le suis, murmura l'enfant.

— En ce cas, il faut mourir ! répondit Coconnas en fronçant les sourcils et en approchant de la poitrine de son adversaire la miséricorde acérée et tranchante.

— Mourir ! s'écria le vieillard, mon pauvre enfant ! mourir !

Et un cri de mère retentit si douloureux et si profond qu'il ébranla pour un moment la sauvage résolution du Piémontais.

— Oh, madame la duchesse! s'écria le père se tournant vers la femme de l'hôtel de Guise, intercédez pour nous, et tous les matins et tous les soirs votre nom sera dans nos prières.

— Alors, qu'il se convertisse! dit la dame de l'hôtel de Guise.

— Je suis protestant, dit l'enfant.

— Meurs donc, dit Coconnas en levant sa dague, meurs donc, puisque tu ne veux pas de la vie que cette belle bouche t'offrait.

Mercandon et sa femme virent la lame terrible luire comme un éclair au-dessus de la tête de leur fils.

— Mon fils, mon Olivier, hurla la mère, abjure... abjure.

— Abjure, cher enfant, cria Mercandon se roulant aux pieds de Coconnas, ne nous laisse pas seuls sur la terre.

— Abjurez tous ensemble, cria Coconnas ; pour un *Credo,* trois âmes et une vie !

— Je le veux bien, dit le jeune homme.

— Nous le voulons bien, crièrent Mercandon et sa femme.

— A genoux, alors ! dit Coconnas, et que ton fils récite mot à mot la prière que je vais te dire.

Le père obéit le premier.

— Je suis prêt, dit l'enfant ; et il s'agenouilla à son tour.

Coconnas commença alors à lui dicter en latin les paroles du *Credo.* Mais, soit hasard, soit calcul, le jeune Olivier s'était agenouillé près de l'endroit où avait volé son épée. A peine vit-il cette arme à la portée de sa main, que, sans cesser de répéter les paroles de Coconnas, il étendit le bras pour la saisir. Coconnas aperçut le mouvement tout en faisant semblant de ne pas le voir. Mais, au moment où le jeune homme touchait du bout de ses doigts crispés la poignée de l'arme, il s'élança sur lui, et le renversant :

— Ah, traître! dit-il.

Et il lui plongea sa dague dans la gorge.

Le jeune homme jeta un cri, se releva convulsivement sur un genou et retomba mort.

— Ah, bourreau, hurla Mercandon, tu nous égorges pour nous voler les cent nobles à la rose que tu nous dois...

— Ma foi non, dit Coconnas, et la preuve...

En disant ces mots Coconnas jeta aux pieds du vieillard la bourse qu'avant son départ son père lui avait remise pour acquitter sa dette envers son créancier.

— Et la preuve, continua-t-il, c'est que voilà votre argent.

—Et toi, voici ta mort ! cria la mère de la fenêtre.

— Prenez garde, monsieur de Coconnas, prenez garde, dit la dame de l'hôtel de Guise.

Mais avant que Coconnas eût pu tourner la tête pour se rendre à ce dernier avis ou pour se soustraire à la première menace, une masse pesante fendit l'air en sifflant, s'abattit à plat sur le chapeau du Piémontais, lui brisa son épée dans la main et le coucha sur le pavé surpris, étourdi, assommé, sans qu'il eût pu entendre le double cri de joie et de détresse qui se répondit de droite à gauche.

Mercandon s'élança aussitôt, le poignard à la main, sur Coconnas évanoui ; mais en ce moment la porte de l'hôtel de Guise s'ouvrit, et le vieillard, voyant luire les pertuisanes et les épées, s'enfuit tandis que celle qu'il avait appelée madame la duchesse, belle d'une beauté terrible à la lueur de l'incendie, éblouissante de pierreries et de diamants, se penchait à moitié hors de la fenêtre pour crier aux nouveaux venus, le bras tendu vers Coconnas :

— Là ! là ! en face de moi ; un gentilhomme vêtu d'un pourpoint rouge. Celui-là, oui, oui, celui-là !..

FIN DU PREMIER VOLUME.

TABLE DES CHAPITRES.

Chap. Ier. Le latin de M. de Guise... 1
II. La chambre de la reine de Navarre............ 43
III. Un roi poète......... 81
IV. La soirée du 24 août 1572.. 119
V. Du Louvre en particulier, et de la vertu en général.... 145
VI. La dette payée......... 177
VII. La nuit du 24 août 1572.. 211
VIII. Les massacres........ 257
IX. Les massacreurs....... 291